Impostures politiques

Dernier ouvrage paru

La Fête des fous. Qui a tué la Ve République ?, Plon, 2006.

Marie-France Garaud

Impostures politiques

Plon

www.plon.fr

ISBN : 978-2-259-21254-0

Prologue

L'imposture est le masque de la vérité…

Vauvenargues *

La France s'ennuie, disait-on autrefois. Aujourd'hui, elle s'efface.

Derrière une agitation fébrile et pathétique, rien, le vide. Il y a beau temps que les Français cherchent désespérément un secours sans cesse promis par des prétendants trop sûrs d'eux. Ils savent maintenant qu'ils ne le trouveront plus dans un débat politicien dérisoire : gauche, droite, centre, programmes, réformes, vanités, beaucoup de bruit pour rien, un peu de bruit dans le vide… Les ambitions demeurent, l'impuissance s'étale, la vulgarité aussi. Le peuple dit : « Assez ! » Le pouvoir s'évanouit.

* « L'imposture est le masque de la vérité ; la fausseté, une imposture naturelle ; la dissimulation, une imposture réfléchie ; la fourberie, une imposture qui veut nuire ; la duplicité, une imposture qui a deux faces », Vauvenargues, *De l'esprit humain*, XLV.

Et cette révélation a surgi lors de l'élection la plus banale qui soit : les Français, jadis, ont sacrifié un roi pour que naisse la République et se sont entretués lors de trois révolutions pour avoir le droit de voter. Ils s'en sont emparé et jusqu'à tout récemment encore ont toujours fait connaître clairement leurs choix. Faut-il que le fossé entre le pouvoir et le peuple se soit creusé vite et fort pour que, excédés, ils aient choisi de faire la grève du vote dans une élection régionale. Plus de la moitié d'entre eux ne se sont pas même déplacés. Et, il n'en faut pas douter, le message s'adresse à la classe politique dans son ensemble, les vagues espoirs portés de droite à gauche et de gauche à droite n'étant que le report alternatif des illusions déçues. La démocratie ne fonde plus le pouvoir dans l'Etat.

D'ailleurs y a-t-il encore un Etat?

Nul n'ose, il faut le dire, aujourd'hui en prononcer le mot, disparu du vocabulaire politique. C'est un signe, et les prémices ne datent pas d'hier. On ne les remarqua guère, trop équivoques pour être distinguées, trop fugaces pour attirer l'attention sur cet évanouissement. Il y en eut cependant, au centre d'autres remous en occultant la portée. La « nouvelle société » dont Jacques Chaban-Delmas s'était jadis fait le champion aurait pu, si l'on y songe, permettre d'entrevoir dans ce geste manqué l'amorce d'un dévoiement. C'était en effet la première fois que l'on voyait apparaître le mot « société » dans un texte essentiellement politique, puisqu'il s'agissait de la définition donnée à l'action future du gouvernement. Choix de « communicant » sans doute, mais révélateur par le fait même qu'il soit accepté et paraisse naturel en somme. Plus nette sera l'intention, quelques années plus tard, lorsque Valéry Giscard d'Estaing invoquera son ambition pour la France, celle d'une « société » pluraliste, tolérante, paisible et décrispée. Rendre irréversible l'option du peuple français en faveur « d'une structure pluraliste des pouvoirs et de la société » constituera, selon lui, la tâche historique incombant à chacun et à tous, afin de conduire le pays vers une structure européenne mieux adaptée au monde nouveau.

En attendant ces temps bénis, la société, victorieuse de l'Etat, pâtit de ce veuvage et donne le sentiment de ne plus se connaître, encore moins de se reconnaître comme un ensemble. Soumise aux ferments de la dispersion, elle perd sa cohésion, se fragmente sous la poussée d'intérêts opposés et la perception d'inégalités profondes. Les habitudes d'une gestion de la facilité s'établissent peu à peu : suivre les tendances de la société en faisant mine de les orienter, répondre aux exigences corporatives, négliger les domaines où la France était dominante pour l'adapter au conformisme européen, en somme « banaliser la France en rabotant son irritante exception » comme le décrit si bien Paul Thibaud. De nos jours, la singularité même du pouvoir disparaît : le président de la République ne gouverne plus, il « exerce un métier » et se résout à « faire de la politique » avant une élection. Les ministres et députés n'osent plus guère évoquer l'Etat hormis pour dire qu'il y en a trop, le confondant ainsi avec les monstres proliférants de la réglementation. Quant aux partis politiques, ils vont chercher le nom de leurs projets dans des « boîtes à idées », tout fiers de nous sortir une société… du *care*.

Le « gaullisme », dont certains se réclament encore pour s'en faire un fanion, signifiait qu'avant d'avoir des « valeurs » il faut exister comme sujet de l'Histoire, être maître de ses choix, de ses alliances et de ses dépendances. Pour un peuple, cette liberté a un nom : elle s'appelle souveraineté.

Avec l'abandon de l'apologie de l'honneur et de la liberté gaullienne, la dérive engagée conduit à penser la société française non plus comme un Etat mais comme un ensemble composite, sans racines, sans passé. Nous avons négligé les leçons de l'Histoire. Pire, en acceptant que soient vidées de leur substance les institutions que de Gaulle avait données à la France, nous les avons abâtardies. Nous avons oublié les exigences fondamentales de la République, inscrites dans la Déclaration des droits de l'homme de 1789, reprises dans notre Constitution actuelle en ses premières lignes et théoriquement révérées depuis plus de deux siècles. Sans doute ces principes comporteraient-ils d'ailleurs nombre d'autres exigences, tout autant délaissées, qui rendraient à notre politique sa dignité perdue.

Nous sommes devant un paysage de ruines, mais si la France renonce ainsi à demeurer elle-même, c'est sans doute qu'elle ne l'est déjà plus, qu'elle n'a plus la conscience de soi, la confiance, la fierté qui furent les siennes, qu'elle ne se sent plus unique et exemplaire. Si l'Etat abdique, c'est précisément parce qu'il n'est devenu qu'une apparence et que, peu à peu, la réalité l'a quitté. Le peuple lui-même ne s'intéresse d'ailleurs plus guère à la souveraineté démocratique, peut-être parce que la démocratie y a été trop fraudée et faussée.

Les jeunes des « quartiers » le savent bien qui ne viennent plus jamais, comme le faisaient leurs aînés, crier leurs colères ou leurs peurs devant l'Assemblée nationale. Ils ont compris depuis longtemps que cela n'a plus de sens et ne sert à rien. Ils manifestent sur « leur » terrain pour y affirmer « leur » pouvoir, et fixent pour « leur » quartier des « lois qui protègent mieux que celles de la République ».

Nous avons glissé de l'Etat à la société, de la souveraineté à l'identité et du gouvernement à la gestion, refusant de comprendre ce que cette glissade comporte d'imposture, révèle d'inconsistance et engendre de dangers. Le monde bouge en effet, partout autour de nous, et les moyens d'y établir notre avenir tombent de nos mains au moment même où s'en révèlent les bouleversements.

Nous nous étions presque résignés, depuis des décennies, à vivre dans un monde coupé en deux, dans une guerre froide qui n'était plus la guerre mais en vitrifiait les suites. Au centre de cette fracture, l'Europe et, au centre de l'Europe, tout près de nous, l'Allemagne, portant la blessure du Mur au cœur de son ancienne capitale. Sans doute savions-nous que les peuples opprimés tentaient de lutter pour leur liberté, mais dans la succession des espoirs et des drames, les années s'écoulaient sans que nous mesurions vraiment le temps de cette pénombre. Aussi quand à Berlin s'ouvrit le Mur, le 9 novembre 1989, lorsque s'amorça sous nos yeux une désagrégation de l'URSS laissant espérer la réapparition d'une liberté disparue, la surprise et l'émotion stupéfièrent le monde. Les Occidentaux, envahis du désir inconscient de s'approprier un peu cette révolution, en vinrent à magnifier la part qu'elle devait à leurs exemples et leurs encouragements. Aveuglés par cette euphorie, perdant même le sens de l'Histoire au point d'oser en prédire la fin, ils ont alors, dans leur soulagement, abandonné du même coup toute vigilance.

Pendant les années qui suivirent nous n'avons ni perçu ni même imaginé les transformations silencieuses qui, à pas de loup, ne cessaient de s'étendre et nous sidèrent maintenant par leur ampleur et leur brutalité. Nous n'en prîmes guère conscience avant qu'elles nous heurtent de plein fouet. Aujourd'hui elles s'imposent à nous. Oui, la déglaciation du monde communiste a transformé tous les rapports de force. Oui, la Chine restaure son empire. Non, l'Europe n'est plus le centre du monde qu'elle fut pendant des siècles. Oui, l'Allemagne y prend la main et ce n'est pas d'hier. Les Français découvrent avec colère des réalités brutales qu'on leur avait cachées. L'ampleur de ces mutations devrait conduire ceux qui prétendent gouverner à un formidable effort d'analyse. Chacun constate que ce n'est pas le cas. Installés dans le pouvoir, ils ne l'exercent pas et tentent de dissimuler leur impuissance par des mots, se comportant comme les héritiers de ceux qui, depuis des décennies, négligent le gouvernement de la Cité pour la futilité des jeux politiciens.

Les événements qui, depuis des mois, déferlent en vagues successives sur les pays d'Europe soulignent, aux yeux de tous, les évidentes contradictions qui nous paralysent. Et d'abord la première d'entre elles : ce sont les Etats qui remodèlent les affaires du monde et les Français cherchent en vain ce qu'est devenu le leur.

Faute de le trouver, ils ont, à mesure de son effacement, voulu croire que l'Europe leur offrait un avenir meilleur, plus rassurant, essentiellement d'ailleurs parce qu'ils n'en seraient pas seuls responsables. Ce serait une sorte d'association, plus souple qu'un Etat, plus grande et plus forte parce qu'elle aurait la grandeur et la force de tous ses composants et par-dessus tout garante ainsi de notre paix dans les tourmentes du monde.

Or, c'est un fait, l'Europe, aujourd'hui, n'est pas celle du nirvâna escompté. Envahie par le doute, les rivalités plus ou moins sournoisement dissimulées, l'impuissance et la peur, elle se prend à douter d'elle-même. Faiblesse ou imposture, la persévérance des gouvernants à s'entêter dans la voie qu'ils ont choisie en déniant tout sens aux signes contraires est, c'est vrai, une constante de l'Histoire, mais lorsque l'on entend tous les jours appeler au secours, au cri de « Il faut sortir l'Europe de l'ornière », la question qui se pose est d'abord de comprendre pourquoi elle s'y est embourbée. La réponse ne sera pas trouvée sans revenir à la leçon première : « Il n'y a pas de politique qui ne s'appuie sur des réalités. » Les réalités européennes sont d'abord celles de l'Histoire et là se trouve, pour une part au moins, la réponse. Elle nous éclaire sur des ambiguïtés dont nous subissons les dérives, inconscients que nous sommes.

I

LES AMBIGUÏTÉS DE LA CONSTRUCTION EUROPÉENNE

Trois mois avant l'effondrement du communisme en Europe centrale, Francis Fukuyama, Américain d'origine japonaise, croyait pouvoir prédire la « fin de l'Histoire », rêverie néo-hégélienne sur l'effacement inéluctable des structures nationales, prélude à la disparition des conflits et à l'« homogénéisation » de la planète sous l'influence bénéfique du marché... Fukuyama avait-il réellement lu Hegel ? Peu importe[1]. En transposant à la chute du communisme la thèse développée par le philosophe allemand après la victoire de Napoléon sur la Prusse – événement censé marquer la fin de l'Histoire par le triomphe planétaire des idéaux de la Révolution française – il avait offert aux instituts de recherche américains et à leurs relais européens un moyen commode de penser la mondialisation, mais il négligeait la dimension nationale par laquelle le politique a précisément résisté à celle-ci.

1. Voir Bernard Bourgeois, membre de l'Institut, « La fin du politique », *Recherches philosophiques de l'Institut catholique de Toulouse*, 2008, p. 5-16.

Des bouleversements de cette sorte n'arrêtent pas l'Histoire, ils en modifient seulement le cours par l'émergence de nouvelles forces qui façonnent différemment le monde, par des mutations incertaines dans leurs conséquences mais que marque parfois la volonté des hommes en ces temps où le poids du pétale de rose sur le plateau de la balance décide du destin. 1989 sera l'un de ces moments-là, qui verra la victoire des peuples sur la logique de l'immanence totalitaire, la liberté recouvrée pour les nouveaux Etats d'Europe de l'Est et les signes annonciateurs de l'avènement d'un aigle : l'Allemagne réunifiée.

La fulgurante renaissance de l'Allemagne

Certes, la perestroïka gorbatchévienne, lancée trois ans plus tôt par le nouveau secrétaire général du comité central, avait rendu l'air plus léger. L'Europe occidentale prêtait à ce nouveau langage une oreille complaisante, mais demeurait sceptique. Personne n'osait y croire vraiment et lorsque, le 9 novembre 1989, Chabovski, deuxième personnage de Berlin-Est, déclara la frontière interallemande ouverte, les centaines de milliers d'Allemands qui passèrent à l'Ouest avec l'irrésistible force d'un raz de marée surprirent le monde.

La stupéfaction, puis la joie provoquée par cette irruption – ouverture sur un univers dont nous étions habitués à croire qu'il resterait longtemps encore interdit et hostile – n'auraient cependant pas dû laisser croire que tout était joué cette nuit-là. Le passé proche pesait encore lourd et, au centre des problèmes, la réunification allemande était loin d'être écrite. Elle devra tout à la permanence d'une volonté entièrement tendue à cette fin et à l'intelligence du chancelier Helmut Kohl. Il n'aurait pu être, à ce moment, meilleur mentor pour un pays hanté par la division depuis près de quarante ans.

Lors de la conférence de Potsdam, en juillet 1945, l'Allemagne, nous l'avons presque oublié, avait disparu en tant qu'Etat. Son territoire, dévasté par la guerre et réduit d'un quart par rapport à 1937, avait été morcelé en quatre secteurs d'occupation. Berlin, l'ancienne capitale, également divisée, se trouvait enclavée dans la partie soviétique et raccordée aux zones occidentales par les seules voies d'accès aériennes, ferroviaires et routières. Le sort de ce qui avait été le IIIe Reich paraissait scellé pour longtemps. Il n'en fut pas ainsi.

Les suites de la Seconde Guerre mondiale nous installèrent dans un monde dit « bipolaire ». Paradoxalement, cette fausse symétrie ne provenait pas du conflit lui-même : sur le même continent européen, les alliés de l'Ouest et l'URSS avaient combattu les mêmes ennemis et la part prise par les Russes à Léningrad et Stalingrad avait compté au moins autant que celle des Alliés lors des débarquements.

La guerre achevée, les peuples épuisés auraient pu déceler les signes d'une volonté de paix lorsque les accords de Yalta annonçaient la convocation d'une conférence des Nations unies tandis que George Marshall offrait le plan portant son nom à toute l'Europe, y compris aux pays de l'Est et à l'Union soviétique – qui d'ailleurs refusait l'aide offerte. Les relations entre Américains et Soviétiques se détériorèrent cependant rapidement. L'URSS ne retirait pas l'Armée rouge des pays qu'elle avait libérés du nazisme, démocraties populaires en gestation, et repoussait à l'ouest ses frontières, annexant les pays baltes et une partie de la Pologne.

Churchill, dès 1946, dénonçait dans un discours célèbre les violations par les Soviétiques des accords de Yalta. De leur côté, les Etats-Unis, qui venaient de clore la guerre avec le Japon par l'arme nucléaire, établissaient, à Bretton Woods, une nouvelle organisation financière mondiale qui fondait leur domination économique sur le dollar. Une « guerre froide » allait dès lors opposer les deux « Grands », détenteurs de l'arme nucléaire. Les Etats se rangèrent sous la protection de l'un ou de l'autre et le monde se divisa en deux blocs, hormis ceux désignés par l'expression de « non-alignés » choisie plus tard par Nehru.

Soucieux de prévenir un renforcement de l'URSS en Europe, les Alliés cherchèrent à créer, le plus vite possible, un bastion occidental jouxtant les territoires déjà placés sous contrôle soviétique. Le « coup de Potsdam » par lequel l'URSS mit la main sur la Tchécoslovaquie, pays à majorité communiste mais doté d'institutions démocratiques, en donna l'occasion. Les Américains décidèrent, en réplique, de donner aux trois secteurs d'occupation relevant des Britanniques, des Français et d'eux-mêmes, une entité étatique, permettant ainsi à l'Allemagne d'émerger du néant. Le premier temps de l'opération fut réalisé le 20 juin 1948 par la création du Deutsche Mark qui devint ainsi la monnaie commune de cet espace politique naissant. Les Soviétiques répliquèrent par le blocus de Berlin. Chacun sait comment Américains et Britanniques réussirent à sauver la ville de l'asphyxie par un incroyable pont aérien. Berlin fut ravitaillé pendant onze mois par près de trois cent mille vols. Le 12 mai 1949, Staline jeta l'éponge et leva le blocus. Les Alliés, poussant leur avantage, autorisèrent alors l'espace réuni un an plus tôt à se constituer en Etat. C'est ainsi que naquit la République fédérale d'Allemagne. La souveraineté de cette nouvelle entité n'était pas juridiquement entière, mais la RFA, dotée d'une monnaie et d'une capitale, Bonn, se comporta immédiatement comme un Etat. Quatre ans à peine s'étaient écoulés depuis Potsdam.

La réplique de Moscou fut bien sûr immédiate avec la création de la République démocratique d'Allemagne, en forme symétrique. Sûre d'elle et de ses soutiens, la RFA n'hésita cependant pas à s'affirmer seule représentante d'une Allemagne ressuscitée et, le 23 mai 1949, la Loi fondamentale de cet Etat presque accompli était promulguée. Elle anticipait implicitement, mais clairement, une réunification future et son préambule mérite d'être médité : « Conscient de sa responsabilité devant

Dieu et devant les hommes, animé de la volonté de préserver son unité nationale et étatique et désireux de servir la paix dans le monde en tant que membre égal en droits dans une Europe unie, le Peuple allemand [...] a adopté, en vertu de son pouvoir constituant et afin de donner un nouvel ordre à la vie de l'Etat pendant une période transitoire, la présente Loi fondamentale de la République fédérale d'Allemagne. Il a également agi pour ceux des Allemands qui n'ont pas pu y participer. Le Peuple allemand tout entier reste appelé à réaliser en libre autodétermination l'unité et la liberté de l'Allemagne. »

Les premières élections au Bundestag eurent lieu le 14 août suivant et Konrad Adenauer sera élu chancelier le 15 septembre de la même année.

La route était tracée. Le moment venu, la Loi fondamentale s'appliquera, sans que ce texte soit en rien changé, à l'Allemagne réunifiée.

La parenthèse sera cependant longue et mouvementée.

Dans les années cinquante déjà, Berlin-Est et Moscou avaient, à différentes reprises et sous différentes formes, proposé l'établissement d'une confédération entre les deux Allemagne. L'avantage en aurait été clair : prévenir une véritable réunification en soumettant la RFA à une dépendance institutionnelle de principe tout en maintenant la RDA dans un système soviétique. Des années plus tard, durant la perestroïka, la « Maison commune » gorbatchévienne reprendra la même idée sous une forme élargie. Enfin, dès son élection à la présidence du Conseil de la RDA, en octobre 1989, Hans Modrow proposera, quelques jours avant la chute du Mur, une « communauté contractuelle d'intérêts » pouvant évoluer vers une confédération entre les deux Allemagne. Le projet ainsi formulé, modalité nouvelle de la « Maison commune », reposait sur l'idée que la stabilité en Europe dépendait de la RDA et que, limitée à certains secteurs et reliée à un programme de désarmement européen, cette construction permettrait de maintenir les frontières existantes. Le tout, bien sûr, au nom de la permanence de l'équilibre européen. L'ensemble de ces propositions devait être repris officiellement devant le Parlement européen le 19 décembre 1989, puis discuté dans le cadre d'une nouvelle conférence d'Helsinki. Bien entendu, l'URSS soutenait ce projet qui sans doute émanait de Moscou, appelant ainsi les Occidentaux à cogérer en fait, avec elle, une situation difficile.

Or, pour d'autres raisons, plusieurs dirigeants, à l'Ouest, ne montraient pas un brûlant enthousiasme à l'idée d'une réunification rapide de l'Allemagne. Mme Thatcher ne cachait guère qu'elle y était franchement hostile. Le président français, lui, considérait avec sympathie la « Maison commune » gorbatchévienne. Elle présentait, à ses yeux, le double intérêt d'obtenir la neutralité de l'Allemagne en cas de réunification et de rapprocher les deux moitiés de l'Europe, au nom d'un socialisme global porteur d'une coexistence apaisée. Pour un socialiste de hasard et de nécessité, la perspective d'une telle apothéose en couronnement de son double mandat ne laissait pas d'être fort tentante, aussi François Mitterrand entretenait-il quelques espoirs sur ce projet tout en cherchant, comme souvent, à gagner du temps.

Dans cette situation mouvante, Helmut Kohl va faire preuve d'une habileté que nombre de commentateurs – et d'acteurs – ne lui soupçonnaient pas. Il sait qu'en RDA des réactions au projet de Modrow, même très prudentes, n'apparaissent pas toujours incompatibles avec les vues de Moscou et que certains dirigeants nient, contre toute vraisemblance, l'urgence posée par la question de la réunification. Mais il sait aussi que les Etats-Unis n'accepteront jamais une neutralité allemande dont la conséquence directe, outre le lien même partiel avec Berlin-Est, serait le gel de la participation effective de la RFA à l'Otan et à la Communauté économique européenne.

Soucieux de n'effrayer ni l'Est ni l'Ouest, le chancelier ne manque pas d'inviter ses compatriotes à beaucoup de prudence et garde sur ses intentions un mystère total. Le silence et la modestie siéent aussi aux stratèges, ce sont vertus si rares dans un monde d'apparences ! Il le sait et en use, laisse passer le temps, chacun s'interrogeant sur cette indécision. Puis le 28 novembre, trois semaines après l'ouverture du Mur, alors qu'au Bundestag la discussion budgétaire se déroule tranquillement, il décide de s'y rendre afin d'y prononcer une déclaration solennelle en dix points. Pour la première fois, la République fédérale révèle sa politique. Le retentissement est à l'aune de la surprise. Aucun membre du gouvernement, pas même le ministre des Affaires étrangères, n'était dans le secret du chancelier, hormis son conseiller Horst Teltschick... et sa femme qui, pour plus de discrétion, a joué les secrétaires. A la question « Où va l'Allemagne? », le chancelier répond en substance : à la création d'une communauté d'intérêts entre les deux Etats allemands pouvant déboucher sur des structures confédérales et « confluer » plus tard vers l'unité de l'Allemagne. La disparition de l'Etat allemand de l'Est n'est pas explicite. L'architecture future de l'Europe fait référence à la « Maison commune » et le chancelier réaffirme que l'évolution de l'Allemagne vers l'unité ira de pair avec celle de l'Europe.

Dès lors, dans les faits, irrésistiblement, le mouvement d'unification s'accélère. Quelques jours plus tard, Modrow, qui dirige la RDA depuis quinze jours, cède et accepte de conclure entre les deux Etats allemands « un traité créant une communauté d'intérêts ». Les mots sont textuellement ceux prononcés par Helmut Kohl au Bundestag, même s'ils reprennent en partie les termes du projet qu'il avait lui-même proposé quelques semaines plus tôt.

Vu de Moscou, tout va trop vite. Pour François

Mitterrand aussi. Lorsque le président français se rend à Kiev, le 6 décembre, faire visite à Mikhaïl Gorbatchev, celui-ci critique vivement l'intervention brusquée du chancelier : il admet que la réunification soit un problème en suspens, certes, mais n'estime pas « que ce soit alors une question d'actualité ». François Mitterrand exprime lui aussi son sentiment sur le plan Kohl qu'il trouve prématuré et approuve, premier responsable occidental à le faire, la proposition soviétique de tenir, dès l'année suivante, la seconde conférence d'Helsinki. Trop tard. Le 18 janvier, au Bundestag, le gouvernement du chancelier déclare que les accords futurs avec la RDA devront inclure l'objectif de la réunification. Bonn échappe ainsi à la manœuvre tendant à utiliser de tels accords pour consolider, en fait, l'existence de l'Allemagne de l'Est. L'épreuve de force feutrée, mais réelle, se développe avec Moscou.

Le mouvement devient irrépressible. Le 30 janvier, Gorbatchev accorde à Modrow « le droit à l'autodétermination » pour les Allemands. Cette concession vaut acceptation de la réunification. Et lorsque Helmut Kohl se rend dans la capitale soviétique, le 10 février 1990, le secrétaire général du comité central déclare « qu'il appartient aux Allemands eux-mêmes de résoudre la question de l'unité de la nation allemande, qu'ils doivent choisir eux-mêmes sous quelle forme, selon quel rythme et sous quelles conditions ils parviendraient à réaliser cette unité ». Certes il précise que la question allemande doit être imbriquée dans une architecture concernant l'ensemble de l'Europe et dans le processus des relations Est-Ouest. C'est un vœu...

Helmut Kohl recueille le fruit d'une politique dont l'intelligence et la finesse ont abouti, sans drame, à ce que tout le monde ou presque croyait inaccessible avant longtemps. Il est étrange que François Mitterrand, qui semblait avoir perçu les enjeux d'une telle partie, ait à peine tenté d'y imposer sa voix et que la désagrégation de la politique gorbatchévienne lui ait échappé. Lui aussi connaissait l'Histoire, pourtant, mais bousculé dans le rythme des perspectives prudentes auxquelles il s'était habitué, il se laissa réduire au rôle d'accompagnateur traînant un peu les pieds. Il est vrai qu'il ne sera pas seul à tomber dans le piège. Cela coûtera cher à la France.

Le traité « portant règlement définitif concernant l'Allemagne », c'est-à-dire officialisant la réunification, est signé à Moscou, le 12 septembre 1990. Le problème se trouve de nouveau entre les mains de l'Allemagne. Le chancelier va imposer sa ligne : elle est européenne, mais elle est autre que la nôtre.

Deux peuples, deux Europe

C'est que, depuis des siècles, immuables dans leur nature, les données fondamentales de l'Allemagne sont à l'opposé de celles qui déterminent le destin de la France. Elles le sont dans l'ordre des territoires et celui de l'Histoire. Elles le sont de ce fait dans l'ordre du droit et de la politique.

Des territoires d'abord et peut-être est-ce là l'essentiel, car il n'est pas possible d'y rien changer. Alors que la nature et le sol donnent naturellement à ce qui deviendra la France les frontières naturelles déterminant l'hexagone, il n'existe pas de territoire allemand imposé par la géographie. Les populations germaniques se sont établies, au cœur de l'Europe, dans un espace que rien ne borne et les Germains ont toujours, au cours des temps, tenté dans toutes les directions d'en trouver des frontières. Ils n'y parvinrent pas, essentiellement parce que, géographiquement, elles n'existent pas. Ils chercheront sans cesse des lieux où s'installer et toujours seront repoussés par des habitants craignant d'être chassés. Cette instabilité marquera toute l'histoire de l'Allemagne, si bien décrite, par la belle formule de Pierre Béhar, comme « un mouvement en suspens », dans une permanente vulnérabilité [1].

Cependant, et sans doute précisément parce qu'il faut vivre et se battre pour survivre, le peuple allemand, bien que divers dans ses sources, constitue en revanche une puissante réalité. Dès l'Antiquité, Arminius, élevé à Rome et fait citoyen romain après que les légions eurent conquis les lieux de Germanie dont il était issu, réussit quelques années plus tard à rassembler autour de lui ses anciennes tribus, infligeant aux Romains un désastre qu'aucun Gaulois n'aurait imaginé. Et pareil mouvement se répétera tout au long des siècles, portant Charles Quint à la dignité impériale face à François Ier, dressant le peuple allemand contre les revendications de Thiers en 1840, entraînant tout entière l'Allemagne derrière Bismarck lorsque celui-ci veut « l'unifier pour la rendre plus forte ». Sous nos yeux, la réunification allemande après la chute du Mur, sera la répétition du même mouvement.

Nous, Français, ne saisissons pas la nature de ce caractère allemand, nous ne parvenons pas à en appréhender le sens parce que, précisément, notre histoire eut, pendant plus de dix siècles, un cours radicalement autre. Et il faut remonter loin pour mieux comprendre quel drôle de couple nous fai-

1. Pierre Béhar, *Du premier au IVe Reich : permanence d'une nation, renaissances d'un Etat*, éd. Desjonquères, 1990.

sons. Presque huit siècles en arrière puisque nous sommes l'un et l'autre issus, ensemble, de la même matrice.

L'Empire carolingien avait étendu ses limites à la presque totalité de l'Europe occidentale. Roi des Francs, fait empereur en l'an 800, Charlemagne relevait ainsi, par la grâce du pape Léon III, une dignité disparue depuis la chute de l'Empire romain d'Occident et donnait par là même à l'Empire carolingien un caractère sacré. La coutume franque ordonnant qu'il soit partagé entre les héritiers, l'Empire perdurera peu de temps dans son intégralité et, en 843, sera divisé, par le traité de Verdun, entre les trois petits-fils du fondateur. Située à l'ouest, la *Francia occidentalis* deviendra la France et, dès Philippe le Bel, se constituera en Etat souverain. La *Francia orientalis*, communément appelée Germanie, verra la naissance, en 887, d'un royaume qui constituera le noyau du futur Empire romain germanique ; quant à la Lotharingie, partie centrale, elle disparaîtra rapidement, dès le xe siècle, relevant alternativement de l'un ou de l'autre et parfois des deux à la fois. « Ce traité de hasard a déterminé tout le destin de l'Europe » dira René Grousset.

Si, à la fin du xe siècle, les relations du roi des Francs avec l'empereur héritier des deux autres parties étaient encore floues, elles furent claires deux siècles plus tard, la formule fameuse selon laquelle « le roi de France est empereur en son royaume » définissant nettement, pour celui-ci, une souveraineté que ni le pape ni l'empereur ne pouvaient contester.

A l'inverse, la Germanie, dont le roi Othon Ier avait réussi à relever la dignité impériale, cherchait à étendre son pouvoir sur tout l'Occident, poursuivant vers l'Est l'œuvre de Charlemagne, reconquérant les terres dont les Slaves s'étaient autrefois emparés et ouvrant ainsi la route qu'emprunteront, trois siècles plus tard, les chevaliers Teutoniques.

Se voulant héritière d'un caractère universel et sacré qui la dépassait, elle tentait d'établir son pouvoir sur tous ces territoires, déployant d'immenses efforts pour reconstituer, « à contre-histoire », écrira encore René Grousset, un Empire romain définitivement éteint. Elle épuisera ses forces dans cette interminable quête, au lieu de les consacrer à la consolidation interne d'un Etat allemand. L'échec de ce rêve impossible laissera, à l'issue de la lutte avec Rome, l'Empire romain germanique impuissant et ruiné, dans un indescriptible chaos.

D'autant que les régions de la Germanie gardaient toujours les traces de leurs origines. Dès l'Antiquité, la Rhénanie et l'Alémanie à l'ouest, ainsi que la Bavière au sud, régions d'idiome germanique et de civilisation romaine, s'étaient tôt converties au christianisme. En revanche, la Saxe antique – l'actuelle Allemagne du Nord – née le long de la Weser, étrangère à l'une et à l'autre, en était demeurée distincte pendant huit siècles. Charlemagne avait aisément rattaché la Bavière à ses possessions, mais il n'en avait pas été de même pour la Saxe qu'il dut contraindre durement à une assimilation difficile. L'histoire de l'Allemagne sera toujours marquée par ces relations conflictuelles entre les trois régions dont elle est issue. Il lui faut en permanence structurer un équilibre interne toujours menacé par l'hétérogénéité entre l'Ouest, imprégné de la civilisation européenne, et l'Est, sortant douloureusement d'une terrible glaciation. Il lui faut aussi conquérir son équilibre externe au centre d'une Europe enfin réunifiée.

Des deux voies divergentes prises par Francs et Germains découleront la nature et la destinée de chacun des Etats, mais surtout leur rapport à l'Europe.

Pour la France, l'idée de l'Europe ne fut jamais fondamentale. Elle manifeste, dès l'origine, le mouvement d'extension d'un Etat fort de son unité nationale vers un espace dont il n'a pas essentiellement besoin pour exister. Elle constituera l'expression de la vocation universaliste, parce que chrétienne, d'une France puissante et capable d'imposer le rassemblement des nations, de Philippe le Bel à Henri IV, et de Louis XIV à Napoléon. De Gaulle s'inscrira, d'ailleurs à son tour, dans une telle pensée : « L'Europe, c'est le moyen pour la France de redevenir ce qu'elle a cessé d'être depuis Waterloo : la première au monde. » L'Europe a été pour la France une terre de conquête, mais elle n'est pas sa substance, gardée intacte depuis des siècles. Construite au fil de l'épée à travers tous les régimes, frondes et révolutions, jamais la France, jusqu'à Vichy, n'avait en effet laissé aliéner la souveraineté de l'Etat, fût-il royaume, empire ou république.

Tout autre et même à l'opposé fut l'histoire allemande. La quête de l'Empire, puis sa ruine, auront entravé pour des siècles la construction d'un Etat. Le Saint Empire romain germanique, composé de centaines de royaumes et de principautés, ne fut jamais qu'un agrégat sans forces et l'Allemagne n'a pas été patiemment constituée en nation homogène. Pour elle, l'Europe naîtra précisément, très tard, du besoin d'émerger du désordre et de l'impuissance laissés par l'effondrement d'une quête ruineuse. Dès lors, elle s'acharnera à se construire, mais la matière qui la compose restant essentiellement diverse, l'Etat allemand devra prendre en compte cette diversité et n'y parviendra pas avant le XIXe siècle. Le Ier Reich est celui de Bismarck. Alors même, sa constitution ne pourra s'accomplir autrement que par une fédération de composantes qui n'auront jamais pu être forgées en un tout. De ce caractère résultera pour elle l'exigence absolue d'une Europe politique puisqu'une Allemagne politique ne peut naître que par cette voie. Et cette Europe, à l'évidence, devra être fédérale, « une et diverse » note Bernard Bourgeois, puisqu'elle aura naturellement pour âme l'Allemagne, elle-même une et diverse, donc essentiellement fédérale.

Tels sont les enchaînements de l'Histoire qui font de la France et de l'Allemagne deux héritières d'une même souche et pourtant profondément différentes dans leur pensée de l'Europe. Pour nous, celle-ci n'a jamais été autre qu'un élargissement, une extension de l'Etat, née de la conquête. Pour l'Allemagne, l'Europe constitue au contraire la voie quasi exclusive par laquelle elle peut, pacifiquement, se constituer en Etat.

Lorsque le général de Gaulle et Konrad Adenauer confirmèrent, chacun à sa manière, la réconciliation des deux peuples et la nécessité d'un avenir commun, ils tenaient tous les deux à leurs conceptions respectives d'une logique historique dans la réponse à la nécessité d'une action commune, au-delà des antagonismes du passé. « Les deux gouvernements se consulteront... en vue de parvenir autant que possible à une position analogue. » Tels sont les termes figurant au chapitre sur la politique extérieure dans le traité franco-allemand de 1963. La formule, d'un réalisme et d'un scepticisme peu courants dans un traité international, souligne parfaitement une réalité qu'ils connaissent et ne dissimulent pas. Entre ces deux hommes, responsables de leurs pays, il ne doit pas y avoir place pour le malentendu. Leur accord sur le principe déterminant l'élaboration d'une solidarité forte dans l'Europe ne repose pas sur une confusion de leurs politiques respectives mais, au contraire, sur la nécessité de reconnaître leurs différences et de bâtir sur cette réalité.

De Gaulle voulait une Europe permettant à la France un jeu diplomatique véritablement indépendant. Adenauer savait que la République fédérale d'Allemagne était dépendante du soutien américain et ne pouvait exister hors du cadre d'une Alliance atlantique intégrée. Dans l'immédiat, les positions des deux pays apparaissaient ainsi diamétralement opposées, mais la logique d'une interdépendance porteuse d'avenir se révélait plus forte que la différence des stratégies.

Après l'unification allemande, la chute du communisme et les multiples transformations du système international, les questions fondamentales se poseront avec une nouvelle force. Dans une situation caractérisée par le retour de l'Histoire plutôt que par sa fin, le problème de la logique historique réapparaîtra et imposera ses contraintes. Visionnaire, comme si souvent il le fut, de Gaulle en voyait déjà se dessiner la trame lorsqu'il notait, à propos de Walter Hallstein, président allemand de la Commission européenne et supranationaliste acharné du temps où le chancelier Adenauer soutenait, lui, le plan Fouchet, projet français pour l'Europe : « Walter Hallstein [...] épouse ardemment la thèse du super-Etat et emploie toute son habile activité à obtenir que la Communauté en prenne le caractère et la figure. De Bruxelles, où il réside, il a fait comme sa capitale. Il est là, revêtu des aspects de la souveraineté, dirigeant ses collègues entre lesquels il répartit les attributions, disposant de plusieurs milliers de fonctionnaires [...] soucieux, d'ailleurs, de faire progresser l'assemblage des Six dont il croit que la force des choses fera ce qu'il imagine. Mais, le voyant, le revoyant et attentif à son action, je pense que si Walter Hallstein est, à sa manière, un Européen sincère, c'est parce qu'il est d'abord un Allemand ambitieux pour sa patrie. Car, dans l'Europe telle qu'il la voudrait, il y a le cadre où son pays pourrait, gratuitement, retrouver la respectabilité et l'égalité des droits que la frénésie et la défaite d'Hitler lui ont fait perdre, puis acquérir le poids prépondérant que lui vaudra sans doute sa capacité économique, enfin obtenir que la querelle de ses frontières et de son unité soit assumée par un puissant ensemble d'après la doctrine à laquelle, comme ministre des Affaires étrangères de la République fédérale, il a naguère donné son nom[1]. » Adenauer et Hallstein face à face en 1960 : de Gaulle voyait qu'il ne s'agissait pas de politiques allemandes opposées, mais d'une même politique pour deux moments différents.

Malheureusement, il ne sera plus là lorsque, réunification acquise, le temps sera venu d'organiser la structure dans laquelle l'Allemagne compte s'établir.

---

1. Charles de Gaulle, *Mémoires d'espoir. Le Renouveau*, Plon, 1970, p.195.

Maastricht, un marché de dupes

Le chancelier Kohl savait que, pour déterminer la configuration et les principes de la nouvelle Europe dans laquelle l'Allemagne trouverait enfin sa place – au centre – il lui fallait aller vite. Le traité de Maastricht sera l'instrument soigneusement articulé de cette entreprise, dans une ambiguïté qu'aucun de nos gouvernants, s'il la perçoit, ne cherchera à dissiper.

La veille de l'intervention spectaculaire au Bundestag par laquelle Helmut Kohl annonçait les dix points fatidiques de sa politique, le chancelier avait écrit à François Mitterrand, alors président en exercice du Conseil européen. Il ne disait pas un mot de ses intentions du lendemain, mais pressait le président français d'accélérer le calendrier permettant « d'éliminer les obstacles qui empêcheraient encore l'union économique et monétaire d'avancer », exprimant en même temps son inquiétude des « grandes divergences entre les Douze ». François Mitterrand lui avait répondu très vite, donnant son accord sur l'accélération des travaux préparatoires. Mais trois jours plus tard, le chancelier revenait à la charge : « L'évolution actuelle dans les pays de l'Est et du Sud-Est exige plus que jamais une politique déterminée en matière d'intégration européenne... ayant pour but de préparer une entente politique sur ces projets de réforme fondamentaux en 1991, et de prévoir pour 1992 et 1993 la ratification d'un nouveau traité. » Il concluait en insistant, ces exigences revêtant pour lui une grande « importance pour des raisons de politique intérieure ».

Le président français accéda bien volontiers au souhait d'Helmut Kohl, mais sa lucidité s'était semble-t-il émoussée puisqu'il commentera plus tard : « Quant à la construction européenne, soudain rattrapée par la rapidité du temps et de l'événement, je déplorais moi aussi ses lenteurs. Je ne pouvais ignorer qu'en cette fin d'année 1989, aucun accord entre les Douze n'annonçait, fût-ce à échéance lointaine, la structure fédérale qui avait ma préférence, tandis que le processus allemand, lui, s'accélérait. » Que le chancelier ait alors maintenu sur la nature future du traité un voile pudique n'a rien d'étonnant lorsque l'on constate le caractère feutré de la démarche qu'il adoptait alors, mais que François Mitterrand n'ait pas perçu combien le fédéralisme convenait à l'Allemagne est plus étrange.

Les deux dirigeants se rencontrèrent donc quelques jours avant le sommet de Dublin, les 27 et 28 avril 1990, et mirent au point un texte comportant trois décisions capitales.

Tout d'abord, la RDA serait, dans le cadre de l'unification, considérée comme l'extension de la RFA, ce qui excluait pour elle des négociations au sens strict : c'était exactement le mode de restauration de l'unité allemande prévu par le préambule de la Loi fondamentale adoptée vingt et un ans plus tôt, en 1949, par la RFA.

Une deuxième décision prévoyait l'élaboration d'une union politique fonctionnant en parallèle avec l'union monétaire afin de renforcer la Communauté européenne, l'élément central du dispositif étant que l'union monétaire devait parvenir, à terme, à une monnaie unique. Les infatigables partisans de ce système devraient cesser de ressasser combien son adoption a coûté de larmes au chancelier Helmut Kohl : c'est lui qui demandait, et avec quelle insistance, la mise en place d'une union monétaire tendant à la monnaie unique, facteur central de l'unification !

La troisième décision invitait la Communauté à organiser une future ouverture vers l'Est par des « accords d'association avec les pays dont l'évolution vers la démocratie serait manifeste ». Le chancelier pensait déjà à l'Autriche, la Hongrie, la Tchécoslovaquie, la Croatie... La Pologne viendrait plus tard, il faut laisser du temps au temps. Quant aux réticences sur l'intangibilité de la frontière Oder-Neisse, elles ne relevaient guère que de la façade. Helmut Kohl savait très bien qu'il était impossible de revenir sur la promesse faite par le chancelier Adenauer au général de Gaulle.

La situation était on ne peut plus claire : le traité en préparation était un traité allemand. Il sera signé à Maastricht les 9 et 10 décembre 1991, dans les délais prévus par le chancelier. Pour la première fois, la diversité germanique se coulait dans une construction dont le centre était « un » et cette unité était celle de la monnaie. Cela valait bien un petit sacrifice et, même avec un serrement de cœur, l'Allemagne allait abandonner sans phrases le mark pour l'écu, nom choisi avant que lui soit préféré l'« euro ». « Battre monnaie » étant depuis des siècles le premier attribut de la souveraineté et la monnaie portant, en général, le sceau de celui qui l'exerce, d'aucuns ne purent résister à la tentation d'afficher discrètement leur mémoire historique : le dessin prévu pour l'écu, banal à l'avers avec le chiffre I et le mot « écu », portait sur le revers le portrait de Charlemagne.

L'on vit alors apparaître, en 1991, un projet de traité, de source hollandaise, dont le premier article exprimait ouvertement l'orientation « à vocation fédérale ». Cette franchise ayant paru prématurée, le projet définitif en fut dispensé, la pudeur ainsi retrouvée étant en elle-même un aveu quant à la duplicité de la démarche choisie. « Duplicité, une imposture à deux faces », notait ainsi Vauvenargues.

Une fois de plus, la faiblesse de la France dans l'élaboration de cette nouvelle structure européenne s'était révélée insondable. Nous avions accepté la démarche inscrite dans le projet de traité sans le moindre esprit critique. Le terrain européen n'était pourtant pas vierge, tant s'en fallait. Il existait déjà des textes et des institutions. Le traité instituant une Communauté européenne signé en 1957 à Rome et mis en œuvre après que le Général fut revenu au pouvoir, en 1958, avait établi un Marché commun entre les six Etats européens signataires. L'Euratom avait été instauré à la même date. Le Système monétaire européen, succédant au Serpent monétaire européen, avait été créé en 1979 afin de limiter les marges de fluctuations des monnaies européennes, et il fonctionnait. Rien ne nous imposait d'accepter une telle précipitation et un alignement total sur les positions allemandes, notamment l'abandon de la « monnaie commune » proposée par la Grande-Bretagne et à laquelle les dirigeants du RPR avaient officiellement fait adhérer le parti présidé par Chirac avant de changer subitement d'avis. Leur importait-il tellement de ne pas déplaire au chancelier pour ainsi tourner bride sur la souveraineté monétaire, ce qui n'était pas un détail ?

Le mythe des Etats-Unis d'Europe a beaucoup nui à l'élaboration saine d'un projet cohérent dans lequel une Union européenne s'appuierait sur la force des Etats plutôt que de les réduire. Un enfant de quatre ans comprendrait pourtant, en comparant les cartes de l'Europe et des Etats-Unis, que ces ensembles n'ont rien de commun. Les Etats-Unis, nés il y a guère plus de deux siècles, présentent des divisions internes, tracées au cordeau, manifestement dessinées, lorsqu'elles furent établies, afin de faciliter l'administration rationnelle de territoires largement dépeuplés et privés de mémoire historique. La carte de l'Europe, tout au contraire, est l'image d'un continent marqué par l'histoire millénaire de peuples et d'Etats dont les frontières et les imbrications ont sans cesse varié à travers alliances, guerres et conquêtes, relations de culture, d'art et de commerce. Un simple coup d'œil souligne l'absurdité consistant à vouloir établir sur ces réalités un régime fédéral calqué sur le modèle bâti, à la fin du XIXe siècle, par des hommes et des femmes venus se créer de nouvelles racines au milieu d'un territoire immense et quasiment désert. L'Histoire nous enseigne, de plus, qu'aucun de ceux, empereurs, rois ou chefs de guerre, qui voulurent, en Europe, fédérer les pays conquis, n'obtint jamais de ces derniers qu'une soumission éphémère. Ces chimères nous cachent la réalité.

En définitive, le traité de Maastricht n'a pas pris naissance par hasard. Une victoire dissimulée était tout juste ce qui convenait, à ce stade, à l'Allemagne et à son chancelier. D'abord pour les urgentes « raisons de politique intérieure » qu'il invoquait lui-même, mais aussi, tout simplement, parce que le champ d'application de cette nouvelle et unique monnaie, dont le ministre des Finances allemand de l'époque souhaitait exclure « les pays du Club Med », correspondrait à peu près à l'Empire carolingien. En rechignant un peu sous le poids des charges qui lui incomberaient, Kohl se précautionnait sagement contre un triomphalisme dangereux. C'était habile et légitime. Nous n'aurions pas dû l'ignorer.

La souveraineté française muselée

Les ambiguïtés du traité de Maastricht ont été cent fois affirmées, détaillées, démontrées au cours des débats qui se sont déroulés en France, lors de sa ratification. La forme d'abord, chef-d'œuvre d'équivoques et de dissimulations, contribua pour beaucoup à l'obscurité du projet. Rivarol affirmait que la langue française entre ses autres vertus, « incorpore la probité dans son génie propre ». Il faut en déduire que l'on écrit forcément un très mauvais français lorsque la pensée n'est pas honnête et tant d'équivoques ne laissaient pas d'inquiéter. Ce fut d'ailleurs au cours des débats sur le sens, la nature et la portée du traité que la substitution du mot « identité » à celui de « souveraineté » devint habituelle. Mauvais présage : la souveraineté abolie, ne reste plus en effet aux individus qui composent une nation que leur identité, terme au contenu imprécis dans lequel entrent coutumes, mœurs, rites, langue et mémoire du passé, évoqués non sans nostalgie…

L'obscurité profonde du texte tenait cependant

davantage à sa duplicité, aux intentions cachées dans cette décourageante complexité quant à la finalité des institutions préparées pour l'Europe. Il était normal que ceux de nos partenaires, soucieux d'imposer une organisation supranationale, dissimulent leurs intentions profondes et parfois sincères. Mais on aurait souhaité plus de franchise chez nos propres dirigeants. Il n'est pas honorable, en démocratie, de ne pas éclairer les citoyens.

Le débat se prolongea au cours des années qui suivirent lors de l'adoption des textes complémentaires ou correctifs, toute pierre apportée à la construction périlleuse de l'Europe en appelant immanquablement une autre, destinée à corriger les failles révélées par la précédente.

La logique allemande s'accommodait fort bien d'une progression par étapes successives. En revanche cette démarche « à crémaillère » conduite sans autre but que de dissimuler – si possible – l'objectif final, ne nous permettait pas d'apprécier sérieusement le chemin parcouru ni de poser nettement la question essentielle : Que reste-t-il de la souveraineté dans un ensemble tel que l'Union européenne? Qui administre, qui décide et qui gouverne? Question que nous refusions – et refusons toujours – de considérer, feignant de croire, tel Chantecler, qu'il suffit de crier cocorico pour faire lever le soleil.

Elle s'était pourtant posée très ouvertement, cette question, lorsqu'était venu le temps de la ratification du traité de Maastricht, et François Mitterrand s'en trouva fort embarrassé.

Puisqu'il l'avait finalement signé, ce texte, il lui fallait bien se targuer d'en être un peu l'auteur, en vanter les vertus et le faire adopter dans l'état où nos partenaires l'avaient mis. Or la procédure de ratification d'un traité exige, dans notre droit, la parfaite compatibilité de ses clauses avec les dispositions de la Constitution. Si tel n'est pas le cas, la modification des articles concernés s'impose. En l'occurrence, les problèmes étaient tels qu'il paraissait difficile de les dissimuler. S'il est communément admis, en effet, que les règles du droit international ne contredisent pas la souveraineté de l'Etat puisqu'elles procèdent de lui, de sa propre décision, librement prise et librement révocable, cette souveraineté est en revanche manifestement amputée par des organismes communs dont les membres, aussitôt investis, échappent à l'autorité interne pour constituer un pouvoir extérieur, irresponsable politiquement. C'était le cas pour la majeure partie des organismes indépendants créés par les institutions de l'Union. Quelques exemples : comment maintenir dans sa plénitude le rôle imparti par l'article 5 de la Constitution au président de la République « garant de l'indépendance nationale » alors qu'une bonne part de celle-ci semblait devoir lui échapper ? Et que dire de la subordination à la norme européenne dans nombre de domaines législatifs et juridictionnels ? Ne parlons pas de la souveraineté monétaire et de la mort annoncée du franc, né il y a six cents ans, puisque le traité imposait en la matière un système institutionnel supranational, contraignant et irréversible... La liste était longue et les modifications nécessaires, voyantes, risquaient d'attirer dangereusement l'attention de citoyens devenus suspicieux. Confrontés à la difficulté technique imposée par la réalisation constitutionnelle d'une aliénation à la fois acceptée et niée, nos gouvernants ont donc avant tout cherché à l'esquiver. Ils y sont parvenus par une habileté de procédure, escamotage réussi d'un problème majeur. Un éminent conseiller plein d'ingéniosité, mais bien mal inspiré, suggéra en effet à François Mitterrand qu'au lieu de détailler ces innovations gênantes, il serait plus habile d'insérer tout simplement le traité dans la Constitution. Solution élégante, sinon glorieuse, adoptée d'enthousiasme. Le gouvernement prépara un projet de loi constitutionnelle introduisant dans la Constitution de la Ve République un article nouveau, par lequel le traité de Maastricht recevait globalement plein effet, sans que les dispositions constitutionnelles contraires soient détaillées. L'Assemblée nationale et le Sénat réunis en Congrès votèrent sans barguigner ce projet malgré l'opposition d'un certain nombre de parlementaires lucides. Le traité lui-même pouvait ensuite être soumis aux Français qui, méfiants, l'adoptèrent de justesse. Il se trouvait *de facto* intégré avec toutes ses dispositions dans la Constitution. La procédure n'attira guère l'attention des curieux, ni d'ailleurs celle des constitutionnalistes, d'une prudente et singulière discrétion. Malheureusement, elle obérait complètement pour nous toute liberté future en sacralisant globalement le traité par la plus haute protection juridique qui soit, le rendant pratiquement intangible. Il arrive qu'à l'usage, la malice se révèle stupide. Ce sera le cas. L'entrave que nous avions voulu croire alors sans grande conséquence se révélera plus tard fort aliénante dans le déséquilibre qu'elle entraîne avec notre partenaire allemand.

A l'époque, personne ne protesta devant cette malhonnêteté, ni plus tard d'ailleurs. La manœuvre ayant parfaitement réussi, on la renouvela en effet sans le moindre scrupule pour le traité d'Amsterdam puis, en dernier lieu, pour celui de Lisbonne. La Constitution française comporte donc un article 88-1 nouveau ainsi rédigé : « La République participe à l'Union européenne constituée d'Etats qui ont choisi librement d'exercer en commun certaines compétences en vertu du traité sur l'Union européenne et du traité sur le fonctionnement de l'Union européenne tels qu'ils résultent du traité signé à Lisbonne le 13 décembre 2007. » Syntaxe incertaine, honnêteté douteuse et consécration singulière d'un traité ratifié dans les conditions d'une parfaite imposture. Il serait plus convenable de supprimer le préambule de la Constitution plutôt que de le renier avec tant de constance.

Nos voisins allemands n'ont pas joué ce jeu. Ils ont affronté le problème, rappelé des principes qui leur paraissaient s'imposer au regard du droit et ils s'y tiennent, sauf à élargir leur marge de manœuvre en cas de nécessité. Il est vrai que leur organisation politique et institutionnelle est très spécifique.

La souveraineté allemande instituée

« Etat de droit » dans le cadre des institutions qu'elle s'est données en 1949, l'Allemagne se réfère à des valeurs fondatrices identiques aux nôtres, tels la souveraineté de la nation, le pluralisme politique, la solidarité sociale ou le respect de la loi, mais elles se développent dans un cadre juridique profondément différent. La France est une République une et indivisible, l'Allemagne une République fédérale. Le président de la République est élu au suffrage universel, le président allemand par une assemblée de grands électeurs. Le président français est le gardien de la Constitution. En Allemagne, ce sont les juges. La liste serait longue des différences constitutionnelles nées, elles aussi, de deux histoires mouvementées.

Après l'indépendance des royaumes, duchés et principautés de tous ordres n'ayant en commun ni institutions ni monnaie dans un Saint Empire romain germanique dont le souverain n'avait aucun moyen de leur imposer son pouvoir; après les réformes éphémères de Napoléon puis de Bismarck qui réalisa l'unité allemande « par le fer et par le sang » mais laissa subsister des particularismes locaux fort puissants ; après la centralisation forcée de la république de Weimar puis la suppression des Länder, la structure fédérale et démocratique exigée par les Alliés lors de la création de la RFA correspondait d'une certaine manière, chez les Allemands, à une aspiration profonde. Ils voulaient rompre avec tout système lié à un régime d'oppression, mais aussi avec tout modèle visant à gommer, au nom de l'unité nationale et de l'indivisibilité de la nation, les spécificités régionales. Ainsi le préambule de la Loi fondamentale définit-il la souveraineté allemande par une formule pour nous surprenante : ce n'est pas « le peuple allemand » qui se donne de nouvelles institutions, mais « le peuple allemand dans les Länder de… ». Suit la liste des Länder qui, jusqu'en 1990, constituaient la République fédérale. Cet énoncé manifeste que si la source du pouvoir est bien le peuple, c'est le peuple dans sa diversité profonde et son histoire. L'unité résulte d'une volonté qui respecte la personnalité propre de chaque Land. Ils adhèrent librement à une souveraineté globale, mais celle-ci n'altère pas la légitimité de leur souveraineté sur leur territoire. Aussi chaque Land est-il doté d'une Constitution et les institutions du Land fonctionnent dans un double cadre : celui qui définit la Loi fondamentale pour la Fédération (le Bund) et celui de chaque Constitution de

Land. La clef de voûte de ce système étant le Bundesrat[1].

Les constituants de 1949 ont ainsi voulu rejeter à la fois une organisation de type national-socialiste dans lequel le droit avait été mis au service de la barbarie, et celle d'un régime de type démocratie populaire qui subordonnait les droits de l'individu à ceux de l'Etat socialiste. En fait, à leurs yeux, le droit ne devait pas pouvoir être instrumentalisé.

Guidés par les théories kantiennes – et pas seulement par une vision chrétienne de la société –, les rédacteurs de la Loi fondamentale ont fait de la notion d'« Etat de droit » un principe directeur qui s'impose à tous, à commencer par les représentants de la souveraineté nationale. L'exercice du suffrage universel ne crée pas le droit, il en découle. D'où une différence fondamentale avec le système français dans lequel le gardien de la Constitution est le président de la République, précisément parce que celui-ci tire sa légitimité du suffrage universel. En Allemagne, la séparation des pouvoirs est considérée comme la conséquence de l'Etat de droit, en ce qu'elle garantit les individus contre un pouvoir absolu de l'Etat et la Cour constitutionnelle fédérale, gardienne de la Constitution, se voit ainsi conférer un pouvoir supérieur à la volonté majoritaire.

1. Pierre-André Bois, *Les Institutions allemandes*, PUF, 1971, « Que sais-je? »

Nous sommes face à un partenaire qui se révèle être un Etat de droit plus rigoureux que le nôtre dans la conception de la souveraineté, plus exigeant dans le maintien du lien substantiel liant cette souveraineté au peuple, plus vigilant dans l'appréciation des incidences du traité. Lourde de conséquences, cette absence de parallélisme tient pour une très large part à la spécificité du rôle attribué à la Cour constitutionnelle de Karlsruhe que, bien à tort, nous ignorons superbement.

Le président de cette discrète mais prestigieuse juridiction soulignait récemment, dans une conférence tenue à Paris, le « rôle de la Loi fondamentale et de ses valeurs » dans le mouvement de la réunification et l'importance permanente de la Cour constitutionnelle « dans le cadre de la réalisation de l'unité tant intérieure qu'extérieure de l'Allemagne » par « la disparition des frontières ». Il ajoutait : « La Loi fondamentale ne saurait jamais être modifiée de manière telle que le principe de la démocratie serait atteint et ce principe signifie en même temps que doivent subsister dans les Etats membres des marges d'action substantielles permettant au processus démocratique de la volonté collective de s'épanouir. » Depuis la naissance de la République fédérale d'Allemagne et la proclamation de la Loi fondamentale en 1949, la Cour constitutionnelle s'est instituée garante vigilante de la souveraineté allemande.

Elle s'était exprimée dès le 29 mai 1974 puis le 22 octobre 1986 sur les rapports entre le droit constitutionnel national et le droit communautaire. Elle précisa sa position le 12 octobre 1993 à l'occasion de la ratification du traité de Maastricht, mais l'attention des juristes et des politiques français ne s'était guère éveillée avant un arrêt rendu en juin 2009. La Cour statuait alors sur un recours en inconstitutionnalité et diverses plaintes déposées lors de la procédure de ratification du traité de Lisbonne.

La Cour soulignait, dès l'arrêt rendu en octobre 1993 à propos du traité de Maastricht, que, dans la mesure où les institutions nationales sont clairement démocratiques et où les institutions européennes le sont à un moindre degré, la question de la démocratie se ramène nécessairement à l'étendue des transferts de compétence consentis au profit des secondes et au détriment des premières. La Cour glissait ainsi insensiblement du nécessaire respect de la démocratie à celui de la souveraineté nationale, notion qui devrait nous être plus familière.

Elle affirmait d'abord que l'Union européenne n'est pas un nouvel Etat fédéral, mais simplement un « groupe d'Etats » reposant sur la volonté des Etats membres. En conséquence, concluait-elle, même si l'appartenance à l'organisation instaurée par le traité est consentie « pour une durée indéterminée », elle peut toujours cesser par un acte contraire. De plus, toute modification du traité est placée sous le contrôle des Etats et de leurs Parlements.

La Cour précisait qu'aucune disposition du traité ne peut être interprétée comme permettant une évolution vers une organisation européenne disposant de pouvoirs indéterminés et imprévisibles et que l'Union européenne ne disposait ni de la personnalité juridique ni du pouvoir de commandement. Elle soulignait surtout que le passage à la troisième phase de l'Union monétaire n'était pas automatique et ajoutait : « Cette conception de l'Union monétaire, communauté de stabilité monétaire, est le fondement de la loi allemande. Si l'Union monétaire devait se révéler incapable de maintenir de façon permanente la stabilité existant au moment du passage à la troisième phase, elle ne serait plus conforme à ce qui a été convenu. » Est-il besoin de souligner quel instrument de pression pour l'avenir la Cour donnait ainsi à l'Etat allemand, sorte de veto juridique dont les partenaires dans l'Union sont naturellement dépourvus et dont nous semblons avoir oublié l'existence, si toutefois nous l'avons jamais remarquée ?

L'arrêt du 30 juin 2009, rendu à l'occasion de la ratification du traité de Lisbonne, va plus loin encore dans l'affirmation des principes de la souveraineté allemande. La Cour constate qu'il n'existe pas de « peuple européen » et qu'en conséquence, il n'existe pas non plus de souveraineté européenne. Les Etats membres et leurs peuples s'exprimant par la structure démocratique nationale constituent les seuls fondements de la légitimité de l'Union, qualifiée par les juges d'« union contractuelle d'Etats souverains ». La souveraineté primordiale demeure aux mains des peuples, le Parlement européen n'a pas la même légitimité que les parlements nationaux et la représentation parlementaire allemande ne peut être privée de ses prérogatives dans les domaines essentiels de la souveraineté étatique. La Cour ne fixe pas seulement des limites juridiques aux compétences de l'Union, mais des limites « absolues » correspondant aux compétences dont l'Etat ne saurait être privé sauf à perdre sa souveraineté. Elle évoque le concept, inspiré des théories de Carré de Malberg, d'une « identité constitutionnelle intangible » qui ne peut être transférée à l'Union tant que la Loi fondamentale allemande est en vigueur. Cette formule repose sur la puissance incontournable de deux forces : celle du peuple souverain qui décide de son avenir par des élections, celle de l'Etat, détenteur d'un champ de compétences et gardien de la souveraineté de la nation. Si l'Union s'appropriait des compétences allant au-delà de celles déjà acquises, elle priverait l'Etat membre de sa souveraineté et deviendrait un *Bundesstaat*. Seules deux possibilités s'offriraient alors à l'Allemagne : quitter l'Union ou changer la Loi fondamentale. Difficile de mettre plus haut la protection de l'Etat allemand dans une Union dont la Cour constitutionnelle considère maintenant nécessaire de limiter les envahissements[1].

Cette décision a plongé les fédéralistes acharnés de tous bords dans la consternation. Faute d'en pouvoir minimiser la portée, la plupart s'efforcent d'en gommer l'existence, ne serait-ce que par le silence. C'est le cas pour la France : l'arrêt n'est pas même traduit dans notre langue. Faut-il en déduire que, pour les tenants de l'Europe, tout le monde doit être germaniste ? Non, seulement que la consigne est claire : cachez cet arrêt que nous ne saurions voir. Les prosélytes sont ainsi moins innocents que duplices. Note rassurante sur leur lucidité, inquiétante quant à leur honnêteté. Or, pour notre propre avenir, il importe de considérer la politique allemande comme elle se révèle et non comme il nous convient de la peindre. A l'évidence, une nouvelle phase s'ouvre, qui nous concerne au premier chef.

1. Michel Fromont, « Chroniques sur la jurisprudence constitutionnelle allemande », *in Revue de droit public*, L.G.D.I. depuis 1958.

Du déséquilibre des rapports de force

L'Allemagne a tiré grand avantage de la construction européenne avant et surtout après Maastricht. Elle souhaite certainement, avec la France en partenaire de convenance, pouvoir en parachever l'accomplissement dans la constitution d'une zone stable répondant à son espace historique. La monnaie unique est un élément structurant de son aire politique et il est important pour elle de la sauvegarder. Elle s'y efforcera, mais certainement pas au prix d'une souveraineté chèrement acquise. Parvenue à un point d'achèvement qu'elle juge irréversible, elle ne sacrifiera pas ce qu'elle a construit. Point n'est besoin au chancelier de le dire, au contraire. Ce rôle revient aux juges et ils l'assument.

Une fois de plus, les dirigeants français ne veulent pas comprendre que tout partenariat se joue sur le respect de l'autre mais dépend de la lucidité des partenaires, de leur volonté et des rapports de force, désignation rude mais juste des réalités. Il est normal et souhaitable que les nations d'une

Europe dont l'histoire est ponctuée de guerres et de drames souhaitent établir entre elles des liens garantissant la paix. Il est bon que l'Europe organisée soit pour l'Allemagne une voie par laquelle elle peut se constituer durablement en Etat et cette fois sans la guerre. Mais pourquoi faudrait-il que les autres nations d'Europe et d'abord la nôtre aliènent leur souveraineté alors qu'elle renforce la sienne?

Au reste, elle ne nous a pas demandé qu'il en soit ainsi car elle sait et le prouve que hors des Etats, « seules entités qui ont le droit d'ordonner et le pouvoir d'être obéies », une coopération solide et responsable ne saurait être assurée. Que cherchons-nous donc, au-delà, lorsque nous poursuivons, sans écouter aucun avertissement et dans des conditions aliénantes, dans une voie qui nous a menés à la situation présente et dont nous ne connaissons pas l'issue? Si, pendant des siècles, l'Europe fut pour la France un lieu de conquêtes, ces temps semblent bien révolus. Terminé le rêve de l'Europe puissance et nous mentons encore en en brandissant le mythe! L'Europe n'est-elle pas seulement pour nous aujourd'hui un refuge, un abri, une maison de repos pour une France fatiguée?

Après que deux terribles conflits sur notre territoire eurent ravagé les hommes et les âmes, après que nous eûmes été miraculeusement restaurés dans notre dignité, les Français eux aussi souhaitaient ardemment la paix et surtout oublier la guerre. Mais pas à n'importe quel prix et le rejet de la CED l'avait manifesté. Le traité de Rome et le Marché commun, adopté par les Six, ouvraient d'autres perspectives, plus lentes, mais plus sûres. Notons au passage que lorsqu'elles étaient « communes » et non encore « uniques », politiques et monnaies donnaient plus de satisfactions.

La dérive de l'idée européenne devint évidente après la réunification allemande, lorsque l'Europe prit une autre figure. Le couple franco-allemand se déséquilibrant au profit de l'Allemagne, nos dirigeants, plutôt que de chercher le moyen de réduire ce glissement, succombèrent à la tentation de le dissimuler. Participer à une organisation puissante dans laquelle ils se flattaient de jouer un rôle important en offrait le moyen. Ils l'adoptèrent et depuis lors ce choix les entrave. Ils n'osent s'en affranchir et sans doute ne le souhaitent-ils pas : une révision drastique exigerait tant d'efforts. Alors ils persévèrent, contre vents et tempêtes, au cri de « toujours plus », ne sachant faire preuve d'opiniâtreté que dans la sujétion, appliquant seulement leurs efforts à nier la réalité. Peut-être ont-ils compris qu'ils participent désormais à l'achèvement d'une politique allemande sous couvert de construction européenne. L'important est de faire semblant du contraire.

Les Français, eux, avaient déjà montré beaucoup de réticences lorsque le traité de Maastricht, première version de l'Europe « à vocation fédérale », leur fut présenté. Ce texte qui cachait manifestement quelque chose les avait inquiétés : les peuples ont de l'instinct. Cela déplaît profondément à qui veut les duper et surtout leur fait peur, raison pour laquelle on préfère souvent ne pas les consulter.

Submergés de mirifiques promesses, les Français finirent cependant par adopter ce traité, sans entrain. Ils le regrettèrent assez vite, aucun des avantageux profits annoncés ne se réalisant et la puissance de la technocratie bruxelloise multipliant les contraintes plutôt que de faciliter les échanges. Les artisans de l'architecture européenne, sentant le danger, se dispensèrent de consulter le bon peuple sur le traité d'Amsterdam, destiné à combler les vides du précédent. Le Parlement réuni en Congrès fit l'affaire, chacun observant que l'on est plus tranquille entre soi.

Puis vint le moment du couronnement de l'œuvre européenne. Valéry Giscard d'Estaing y avait mis sa science et son talent. L'Europe allait enfin être dotée d'une Constitution, affirmant ainsi une existence politique incontestable. C'était un pari risqué, supposant beaucoup d'importance aux constructions du droit et bien peu de réalité aux forces qui les sous-tendent. Confiants, les auteurs présentèrent cependant, en avril 2005, cette œuvre définitive aux Français. La réponse fut massive et claire : « Non, non et non, pas de Constitution pour l'Europe. » Vraiment, pour le gouvernement, la lucidité du peuple était décourageante...

Il convenait pourtant de ne pas mécontenter nos voisins qui attendaient le « oui » promis. On laissa passer quelque temps, pour oublier un peu, puis on décida simplement de faire voter aux députés et sénateurs réunis en Congrès le contenu du traité que les citoyens, leurs mandants, détenteurs de la souveraineté nationale, avaient rejeté précédemment. Quelques parlementaires courageux refusèrent ce que l'on n'ose qualifier, mais l'ensemble vota, à la majorité requise, cette Constitution déclassée. Pour la démocratie, chantée à tout bout de champ, c'était un quinquennat qui commençait mal.

En revanche, l'Allemagne pouvait nous dire merci : le traité de Lisbonne reprenait les dispositions du « traité instituant une Constitution pour l'Europe » mais le mot « constitution » avait été supprimé... un zeste de prudence. La Cour constitutionnelle de Karlsruhe se dispensa donc, en l'espèce, d'appliquer sans nécessité ses principes et de juger qu'un texte intitulé « constitution » européenne ne saurait posséder ce caractère, puisqu'il n'existe pas de souveraineté européenne.

Depuis lors, l'Europe va mal, de plus en plus, et n'offre ni la prospérité ni la protection promises contre les malheurs des temps. Pas question cependant de révision déchirante. Nos ministres persévèrent, encouragés par l'affirmation répétée que « l'Europe s'est toujours renforcée dans les crises »! Les Français ne voient vraiment pas de quelles crises il s'agit et s'interrogent sur l'incurable impuissance des hommes au pouvoir.

D'où vient la faiblesse de ces dirigeants, incapables d'exister dans leur propre pensée politique, non plus que dans une action qui soit, d'abord, celle des intérêts français ? Peuvent-ils croire que d'autres les défendront à leur place ou sont-ils incapables d'en tracer les lignes ? Ils le devraient pourtant, au lieu de nier les évidences. Ils en auraient les moyens encore s'ils le voulaient vraiment. Le couple franco-allemand, enfin équilibré, n'en fonctionnerait que mieux. Manque seulement la « volonté de vouloir ».

II

AUX SOURCES DE L'AFFAISSEMENT FRANÇAIS

En dehors des quinze années où de Gaulle a gouverné la France, suivi par Pompidou dans un bref laps de temps, jamais, depuis des décennies, nous n'avons cessé d'être soumis à des décisions étrangères, de succomber à une permanente inclination à l'effacement. La difficulté qu'éprouve notre peuple à maîtriser son destin, c'est-à-dire l'incarnation de la nation dans l'Etat et la responsabilité des citoyens dans la démocratie, vient de loin.

Les années d'illusion

Cherchant un point de basculement, Jean-Baptiste Duroselle, dans *La Décadence*, date de 1932 le début de l'affaissement de la France. Ce fut en effet un tournant.

Les répercussions de la crise de 1929 déferlent alors sur une France qui – déjà ! – s'en était crue préservée. Aristide Briand, « l'apôtre de la paix » manipulé par Stresemann meurt le 7 mars. Il n'emporte malheureusement pas son pacifisme bêlant dans la tombe. Adolf Hitler, considéré généralement par nos gouvernants comme un « pantin insignifiant et demi-fou », met en ballottage le vieux chancelier Hindenburg à l'élection présidentielle. *Mein Kampf* est vendu en Allemagne à plus d'un million d'exemplaires. Les Allemands élisent deux cent trente députés nationaux-socialistes au Reichstag. Le réarmement allemand est virtuellement admis. Les réparations de guerre dues par l'Allemagne sont pratiquement abandonnées : le plan Dawes a en effet adopté une réduction des réparations dues par l'Allemagne en même temps que l'évacuation de la Ruhr par les Français avec pour principale préoccupation, chez les Américains, la stabilisation du mark et le développement de leurs investissements en Allemagne. La France a cédé presque tout, sur tout.

Réduit à l'impuissance par une instabilité gouvernementale endémique, André Tardieu, l'ancien bras droit de Clemenceau, quitte définitivement la présidence du Conseil. Homme de courage et de lucidité, il refuse l'équivoque régnant « dans une France sans tête, gouvernée par les pieds et soumise à la tyrannie de quelques harangueurs ». Mieux vaut, lui semble-t-il, procéder à l'analyse des failles institutionnelles qui rendent impossible l'exercice d'un gouvernement stable, afin qu'un jour, peut-être, il soit possible d'y porter remède. Tel sera d'ailleurs le cas puisque ses réflexions inspireront Charles de Gaulle.

A la mort de Hindenburg, en août 1934, Hitler réunit en une seule les fonctions de président du Reich et de chancelier. Près de 90% de la population allemande l'approuve. Jamais la France n'aurait eu autant besoin d'être gouvernée avec fermeté et continuité. Or la fragilité des exécutifs leur interdisait alors de concevoir une politique autrement qu'à très court terme et les détournait de même envisager, dans quelque domaine que ce soit, autre chose que des palliatifs. De la retraite de Poincaré à la formation du cabinet Doumergue, au lendemain du 6 février 1934, treize gouvernements, dont le plus « stable » put tenir une année mais dont la durée moyenne fut inférieure à quatre mois, se succédèrent à ce que l'on n'ose appeler le « pouvoir ». La caractéristique fondamentale des institutions de la IIIe République, telle que la pratique l'avait façonnée depuis la malheureuse opération tentée par Mac-Mahon, était en effet que le Parlement, et principalement la Chambre des députés, avait constamment prise sur le gouvernement, alors que celui-ci n'avait presque jamais moyen de peser sur le Parlement et ne pouvait non plus s'appuyer sur un chef de l'Etat réduit à la fonction d'arbitre bon pour compter les points.

Non seulement les institutions fonctionnaient mal, mais elles fonctionnaient en vase clos. A trois reprises au cours de l'entre-deux-guerres, la majorité issue des élections se renversa complètement à la mi-législature, une de ses fractions passant à l'opposition alors que l'autre recevait le soutien de l'opposition initiale : ce fut le cas en 1926 après les élections de 1924, en 1934 après celles de 1932 et en 1938 après celles de 1936. Jamais les électeurs ne furent mis à même, par une dissolution, de sanctionner ces renversements de majorité. Comment les Français auraient-ils pu conserver leur confiance et leur estime à un système fondé sur la confiscation, par la Chambre, de la souveraineté du suffrage universel? Comment les gouvernements auraient-ils osé prendre des décisions impliquant courage et continuité nécessaires pour agir à long terme en bravant temporairement l'impopularité?

Bien évidemment, la faiblesse de ces gouvernements tenait aussi à ce qu'ils n'étaient pas véritablement dirigés. Une lamentable illustration en fut donnée lorsque l'on évoqua l'éventualité d'une riposte à la possible entrée de la Wehrmacht dans la zone rhénane qui avait été démilitarisée en application des accords de Locarno.

Dès 1933, Daladier, ministre de la Guerre, avait fait savoir au Quai d'Orsay que si l'Allemagne réoccupait ce territoire, « les bases de notre défense nationale s'en trouveraient profondément modifiées ». Or, pendant trois ans, l'Allemagne ne cessa de réaffirmer son respect pour le pacte de Locarno... tout en protestant avec la même permanence contre la signature d'un accord franco-soviétique qui en constituerait, selon elle, une violation flagrante. Même ainsi averti, le gouvernement français, sachant pertinemment que l'Allemagne souhaitait réoccuper la Rhénanie pour des raisons à la fois psychologiques et militaires, se demandait toujours si elle en aurait l'audace.

Le 7 février 1936, soit exactement un mois avant l'entrée de la Wehrmacht dans la zone démilitarisée, une réunion regroupait à l'hôtel de Brienne, ministère de la Guerre, les ministres des Affaires étrangères, de la Guerre, de la Marine militaire et de l'Air, ainsi que les chefs d'état-major des trois armes. Elle n'aboutit à aucune décision et le problème ne fut pas même porté à l'attention du président du Conseil ou du président de la République. Le Conseil des ministres l'évoqua cependant, pour décider que « le gouvernement français ne prendrait aucune action isolée » et n'agirait que d'accord avec les autres signataires de Locarno. Notre incapacité décisionnelle trouvait une échappatoire dans le recours à des Etats dont on savait pourtant l'égale indécision.

En outre, la conception purement défensive des chefs militaires ne se démentait pas. Le général Maurin, ministre de la Guerre, répondait le 12 février à Flandin, ministre des Affaires étrangères, qui lui demandait quelles seraient nos possibilités de riposte : « J'envisage de réduire au minimum le nombre des mesures actuellement prévues pour le cas d'attaques brusquées, en vue d'éviter tout prétexte valable de conflit »! M. François-Poncet, ambassadeur de France à Berlin continuait, lui, d'envoyer des télégrammes hésitants au Département. Le 27 février : « Nervosité et perplexité » en Allemagne, mais celle-ci « évitera probablement l'irrémédiable ». Il assortit cependant la plupart de ses messages d'une remarque : le pouvoir appartient à Hitler et celui-ci est parfaitement capable de décisions foudroyantes. On n'est jamais trop prudent! « Que va faire Hitler? interroge-t-il encore le 6 mars, on ignore toujours qui, des partisans de la modération ou de ceux de la violence, l'a finalement emporté dans les conseils de ces derniers jours. »

Le 7 mars, l'entrée des troupes allemandes dans la zone démilitarisée règle la question. Elle fait l'effet d'un coup de foudre, mais aucune réaction autre que verbale ne suivra la violation des traités de Versailles et de Locarno accomplie par Hitler, violation dont on sait aujourd'hui quelle part de bluff elle comprenait et combien l'état-major allemand la trouvait risquée. Quant au président de la République il avait été, tout au long de ces événements, totalement absent.

Ainsi, durant toutes ces années, face aux nuages qui montaient, des politiciens incapables de préserver la paix se résignaient à seulement la rêver. Or il n'est pire danger qu'un rêve habillant l'impuissance. C'est alors que, la politique aussi ayant horreur du vide, la démocratie chrétienne va commencer, en ce domaine, à se manifester.

La démocratie chrétienne et l'Etat

Lorsqu'un évêque constitutionnel nommé Lamourette avait évoqué pour la première fois, lors des débats de la Constituante, les « principes lumineux de la démocratie chrétienne », l'expression marquait surtout l'urgence d'une Eglise démocratique et populaire face à celle de l'Ancien Régime mais ne recouvrait pas un contenu très précis. Il faut attendre le XIXe siècle pour que s'élabore une doctrine. Elle sera largement inspirée par Lamennais. Lorsque celui-ci décide, avec Lacordaire et Montalembert, de créer *L'Avenir* en 1830, la devise donnée à ce journal tient en deux mots : « Dieu et la liberté ». Elle résume à elle seule la volonté de joindre la primauté ultramontaine et le libéralisme. La doctrine qui se développe alors n'est pas de nature politique mais se construit, au fil des ans, par réaction aux événements politiques – ceux de 1830 puis, plus tard de 1848 – face aux injustices d'un ordre dominant, civil ou religieux. Lorsque les fondateurs de *L'Avenir* réclament la séparation totale de l'Eglise et de l'Etat, ainsi que la liberté de conscience et d'enseignement, ils invoquent la liberté contre le pouvoir, mais c'est face à l'Eglise de France, largement gallicane, que se cristallise le conflit et c'est le pape, alors Grégoire XVI, qui marque les limites.

Lacordaire soutient le régime républicain lors des événements de 1848 et, succombant à la tentation du politique, se fait élire à la Constituante. Il constate très vite que là n'est pas sa place, abandonne cette fonction et fonde avec Frédéric Ozanam et l'abbé Maret un nouveau journal : *L'Ere nouvelle*. Le catholicisme libéral de Lacordaire et le catholicisme social d'Ozanam s'exprimeront ensemble dans cette publication. La démocratie chrétienne prend une forme aboutie et Frédéric Ozanam sera considéré comme le précurseur de la doctrine sociale de l'Eglise, officialisée plus tard par le pape Léon XIII.

Frédéric Ozanam a cependant toujours pris soin de maintenir son action et ses rapports avec l'Eglise hors du champ politique. Tel n'est plus le cas dès la fin du siècle, lorsque Marc Sangnier anime *Le Sillon*, organe du mouvement éponyme, pour « un christianisme démocratique et social » qui se veut instrument de la réconciliation des classes laborieuses avec l'Eglise et la République. De ce fait, la bataille de la laïcité place Marc Sangnier en position difficile et Pie X, soucieux de maintenir l'Eglise distincte de cette querelle, condamne les idées défendues par *Le Sillon*. Ainsi, à l'approche de la Première Guerre mondiale, la démocratie chrétienne n'existe plus en France qu'à l'état de courant de pensée.

Elle réapparaît cependant quelques années plus tard lorsque le pape Benoît XV entreprend de rapprocher les chrétiens français, allemands et italiens séparés par la guerre. Marc Sangnier soutient alors, dans *Jeune République* fondée à cette fin, l'urgence de cette réconciliation et l'absolue nécessité d'un « pacifisme d'action ». C'est le temps où la démocratie chrétienne s'engage ouvertement en politique. Les partis chrétiens démocrates commencent alors à se créer. En France, le premier voit le jour en 1924. Un secrétariat général, lui aussi installé à Paris, devient le point de rencontres entre des hommes que rassemble le souci semble-t-il sincère, sinon lucide, d'œuvrer pour la paix. Ils ont nom, entre autres, Robert Schuman, Konrad Adenauer ou Alcide De Gasperi.

Or l'importance grandissante de la démocratie chrétienne dans la politique française va en modifier l'équilibre. « Dieu et la liberté », pensée religieuse avant d'être politique, la démocratie chrétienne se fonde sur les principes du catholicisme libéral et son action est d'abord sociale. Dès lors, dans l'échelle des valeurs qui fonde le droit, la personne humaine prend la primauté sur l'Etat. C'est autour d'elle que les règles doivent s'ordonner, autour de la personne et des corps sociaux dont elle relève ou dans lesquels elle s'exprime. De fondateur, le rôle de l'Etat devient régulateur, et dès lors de bien moindre importance. Il s'étiole dans une fonction qui n'est pas la sienne et la sienne ne sera bientôt plus exercée par personne. En effet, Dieu n'assure plus la légitimité par le sacre d'une personne humaine qui était celle du roi. De sorte qu'en privilégiant, dans la République, la personne dans sa singularité par rapport à la nation souveraine, la pensée religieuse désagrège le politique. Entre Dieu et la liberté il n'y a guère de place pour l'Etat. Tout naturellement, induisant ce profond fléchissement, la démocratie chrétienne sera la source d'une dérive institutionnelle qui marquera profondément la suite de notre histoire.

Certes l'affaiblissement politique de la France eut bien d'autres causes, économiques, démographiques, culturelles... Mais c'est dans la démocratie chrétienne que le rêve européen trouve son origine, par le délitement de la volonté nationale dans une pensée essentiellement morale, et par la quête plus ou moins consciente d'un cadre plus vaste corrélatif à l'effacement de l'Etat. Ainsi naîtra le mouvement naturel vers un ensemble dans lequel la puissance du nombre et la nostalgie d'une chrétienté protectrice pallieraient la faiblesse de la volonté nationale. L'Etat se meurt? Vive l'Europe!

Si les rêves ont cent fois conduit à reformer le monde, l'Histoire nous apprend, ne nous lassons pas de le répéter, qu'ils furent toujours alors modelés par les réalités. Que l'on ait cherché, à la veille d'un drame, à rompre le cycle des guerres et des conflits, bien sûr on le comprend. Mais comment pouvait-on croire, à moins d'un fol orgueil ou d'une redoutable inconscience, que sans la volonté et la force dont l'Etat est politiquement investi, la seule morale puisse l'emporter sur la violence des hommes? Les rêves de la démocratie chrétienne moururent à Rapallo en même temps que ceux d'Aristide Briand. Le pacifisme des années trente n'eut bien évidemment aucune influence sur la politique du IIIe Reich, sauf à souligner que rien ne s'opposait à lui. En revanche, il contribua fortement à la faiblesse de la France par un désarmement moral et militaire. Chacun connaît l'ampleur des illusions perdues et des souffrances endurées par les peuples.

C'est parce que la décision d'un armistice honteux avait fait perdre à la France son honneur et sa liberté qu'un général de brigade à titre temporaire décida, quand tous ces hommes avaient renoncé, de relever le drapeau tricolore afin que soient restaurés l'une et l'autre. Il n'avait avec lui, ce jour-là, ni hommes, ni chars, ni bateaux, seulement des mots. Les mots du Général furent, c'est vrai, un instrument puissant pour que renaisse la France libre et que, au bout du compte, la nation vaincue, humiliée, occupée, asservie, soit cinq ans plus tard présente en tant qu'Etat à la table de la capitulation nazie. Mais les mots n'auraient pas suffi s'ils n'avaient pas été eux-mêmes l'expression d'une vision lucide, l'affirmation d'une volonté irréductible dans la décision, et surtout l'acceptation sacrificielle du possible échec. Ceux du Général donnèrent sa force à l'engagement de tous les Français fiers et libres qui n'avaient pas accepté la défaite. Si cet engagement n'avait pas été acharné, si les armées de la France libre et la Résistance de l'intérieur n'avaient pas existé, les seuls mots n'auraient pas suffi pour écarter l'AMGOT[1], rendre à la France sa place, arracher une zone d'occupation sur le territoire allemand et nous faire membre permanent du Conseil de sécurité des Nations unies. Le rang de la France rétablie dans sa souveraineté ne releva pas seulement de la parole, ni du miracle, encore moins de la complaisance, il fut juste parce que fondé sur des réalités.

Regardant toujours loin, le Général savait, dès la Libération, que la fin de la guerre serait le temps d'autres révolutions et en avait parfois évoqué le dessin. Président d'un gouvernement d'unité nationale institué le 9 septembre 1944, il eut le temps de quelques décisions : la création du Commissariat à l'Energie atomique, celle du Commissariat général au Plan, où il nomma Monnet – c'était un bon économiste malgré tout – l'instauration de la Sécurité sociale aussi... et le droit de vote accordé aux femmes.

Il comprit vite cependant – mais avait-il pu en

1. AMGOT : Allied Military Government of Occcupied Territories.

douter? – que seuls les hommes n'avaient pas substantiellement changé. Le péril conjuré, les politiciens reprirent le goût, incurable dans le régime des partis, de « faire bouillir leur petite marmite sur leurs petits feux » et d'empêcher de Gaulle de gouverner. Le Général choisit de retourner à Colombey.

La responsabilité majeure de Jean Monnet

On aurait pu penser que la leçon de 1940 marquerait les esprits, que les illusions pacifistes se dissiperaient et que l'ordre moral renoncerait, en tant qu'acteur, à ses tentations politiques. Il n'en fut rien. Après la guerre, le discrédit total de la plupart des mouvements de droite et du centre offrait en France un vaste espace à la démocratie chrétienne : elle l'occupa. Ce fut la création du Mouvement républicain populaire dont la présidence d'honneur, offerte à Marc Sangnier, marquait sans équivoque l'orientation donnée à ce parti rebaptisé.

Président du Conseil, ou ministre des Affaires étrangères dans presque tous les gouvernements qui se succédèrent à un rythme proche de celui en usage dans la République précédente, Robert Schuman en fut la plus illustre figure. Il n'avait pas abandonné l'idée d'un rapprochement avec l'Allemagne dans une Europe dont les peuples regroupés, avec la bénédiction de l'Eglise, seraient ainsi protégés des tentations guerrières. Sans doute, s'il eût été seul, son action aurait-elle continué d'être plus sociale que politique, plus évangélique que stratégique, car il y avait chez lui comme un fond de faiblesse et de pusillanimité. Le fait qu'il ait voté les pleins pouvoirs au maréchal Pétain en était bien un signe qui souvent resurgit. Mais il fut, pendant toutes les années qui suivirent, encouragé et même utilisé, dans la voie choisie, par un homme aussi différent de lui que l'on puisse l'imaginer : Jean Monnet.

Personnage habile, intelligent et surtout très secret, Jean Monnet avait acquis, fort jeune, une large vision du monde et un réseau puissant de relations internationales. Ses débuts à la banque Lazard de New York avaient été brillants et, à vingt-six ans, ce fils de commerçant provincial français tenait sa place parmi les grands financiers américains. Plus important encore, il avait rencontré Paul Warburg, « homme d'influence » auquel Jacques Attali a consacré un livre, membre éminent de la Pilgrims Society, matrice idéologique et centre d'où naîtront des épigones tels le Council of Foreign Relations et la Trilatérale. Paul Warburg prit le jeune Monnet sous sa protection... et sa coupe.

Dès lors, Monnet participe à la création du Council of Foreign Relations dont le but avéré est d'éliminer la guerre et promouvoir la paix par une voie nouvelle : l'instauration d'une sécurité collective fondée sur l'intégration des économies nationales et le transfert par les Etats de leur souveraineté à des organismes supranationaux liés aux Etats-Unis. Eh oui! L'Amérique découvre alors comment, depuis des millénaires, se fondent les empires, mais ne montre pas encore, sur le sujet, la juvénile franchise dont plus tard elle fera preuve.

Nommé dès 1923 secrétaire général adjoint de la Société des Nations, Jean Monnet se trouve dans une position idéale pour préparer les voies et moyens de cette « rationalité supranationale ». Il s'y emploie. Devenu conseiller du président Roosevelt et de Chiang Kai-shek comme de Carol de Roumanie, il sera pour les Américains un homme très précieux.

Son rôle dans les relations des Etats-Unis à l'égard du chef de la France libre fut infiniment moins heureux. Pouvait-il en être autrement? Evidemment non. Economiste avant tout, Jean Monnet, s'il avait éprouvé un quelconque besoin de références, les aurait sans doute plus volontiers cherchées dans *La Richesse des nations* que dans la théorie de la souveraineté. Au reste, ses préoccupations ne laissaient pas d'être plus concrètes et, finalement, plus politiques. Le Général représentait exactement ce qui pouvait faire obstacle à l'intégration des Etats européens dans une organisation elle-même reliée aux Etats-Unis, comme le sera l'Otan. Cet obstacle devait être éliminé.

Jean Monnet avait rencontré de Gaulle pour la première fois à la veille de l'armistice de 1940, lorsqu'il souhaitait que soit proposée à Paul

Reynaud l'idée d'une fusion de la France et de la Grande-Bretagne suggérée par lui-même à Churchill. De Gaulle, qui venait d'arriver à Londres, transmit le 16 juin à Paul Reynaud cette proposition agréée par le Cabinet britannique. Trop tard. Le président du Conseil venait de démissionner. Dès lors, d'emblée, Monnet va s'opposer au Général. Il refuse d'adhérer à la démarche de la France libre, considérant que ce serait « une grande faute d'essayer de constituer en Angleterre une organisation qui pourrait apparaître comme une autorité placée sous la protection de l'Angleterre » et que la France n'accepterait pas « un comité national composé de simples particuliers » !

Il se retrouvera face à de Gaulle trois ans plus tard, à Alger. Envoyé par Roosevelt comme conseiller politique du général Giraud, dont la malléabilité convenait aux Américains, Monnet comprend immédiatement quel sera le vainqueur dans le duel engagé et, sans dissimuler ce qui l'a opposé à de Gaulle, adopte une attitude fort diplomatique dans la préparation du futur Comité français de libération nationale. Son rôle paraîtra celui d'un pacificateur. Il le fallait en effet à ce moment, pour la réussite des Alliés. Mais rien n'était changé dans son esprit et l'on en aura la révélation, cruelle, bien plus tard. On saura que Monnet, pensant à l'après-guerre, n'avait jamais cessé de combattre le Général dans l'esprit de Roosevelt. Certains s'étaient interrogés sur les ambiguïtés affleurant parfois dans son comportement, à Alger. Aucun n'aurait cru possible la dissimulation dont les preuves seront plus tard révélées. Ainsi, le 6 mai 1943, alors qu'il négociait la création du Comité, Monnet adressait au principal et très proche conseiller de Roosevelt, Harry Hopkins, une note alors secrète mais connue depuis l'ouverture des archives. Elle ne laisse aucune illusion sur les sentiments qu'il portait au Général et sur la conduite à tenir, selon lui, au regard du chef de la France libre : « Il faut se résoudre à conclure que l'entente est impossible avec lui ; qu'il est un ennemi du peuple français et de ses libertés ; qu'il est un ennemi de la construction européenne, qu'en conséquence il doit être détruit (*sic*) dans l'intérêt des Français. »

Faut-il rappeler que Jean Monnet s'adressait au collaborateur et ami d'un président dont le gouvernement allait préparer l'Allied Military Government of Occupied Territories lequel, assorti d'une monnaie libellée en francs sous la forme du dollar, devait être mis en place pour assurer le fonctionnement de l'administration sur le territoire français libéré ? A Roosevelt, Monnet écrira d'ailleurs directement, le 5 août suivant : « Il n'y aura pas de paix en Europe si les Etats se reconstituent sur la base de souverainetés nationales. Ils devront former une fédération qui en fasse une unité économique commune. »

On va très vite retrouver sa main dans les affaires françaises et européennes. Négligeant ce que les structures politiques doivent à l'histoire et la géographie, fasciné par la puissance américaine, il en croit le modèle transposable à l'Europe, au moins pour la lier ainsi plus étroitement à ceux qui, demain, gouverneront le monde. Il est exact en ce sens, mais en ce sens seulement, qu'on pouvait alors considérer sans absurdité la perspective du « gouvernement mondial » à naître de la « rationalité économique »... à condition toutefois d'avoir la mémoire courte.

Tel est le modèle à partir duquel il va concevoir, la guerre finie, les projets destinés à donner « les premières bases concrètes d'une fédération européenne ». Il ne les présentera pas lui-même, notant dans ses *Mémoires* : « J'avais mieux à faire que d'exercer moi-même le pouvoir. Mon rôle n'était-il pas d'influencer ceux qui le détiennent et de veiller à ce qu'ils s'en servissent au moment utile ? » Il en confiera l'exécution à Robert Schuman, dont il sera constamment « l'Inspirateur », puisque tel est le surnom que toujours lui donnera de Gaulle.

Le temps n'est plus alors, pour Jean Monnet, celui de la mise en œuvre d'une politique sociale, humaniste et sociale, ou du moins il ne s'agit plus principalement de cela. Le rêve évoqué par Pie XII d'un nouveau « serment de Strasbourg » entre Schuman, Adenauer et De Gasperi, chefs de la démocratie chrétienne occidentale, c'était bien... et il en restera au moins les douze étoiles de la Vierge placées par Schuman sur le drapeau européen. Mais l'organisation pratique de projets précis tendant à l'instauration d'organismes supranationaux est pour lui autrement importante. Les rôles pour ce faire sont alors nettement distribués : Jean Monnet se charge de la conception. Robert Schuman apporte la dimension religieuse et philosophique qui fait cruellement défaut à l'Inspirateur et mobilise, au passage, tout ce que l'Eglise catholique comporte d'influence et de relais. La Troisième Force, c'est-à-dire une majorité gouvernementale à configuration variable mais à composition stable (SFIO et MRP), votera les textes.

La première opération conçue par Monnet concerne la mise en commun du charbon et de l'acier. Elle devait conduire, selon ses initiateurs, à une sorte de neutralisation des matières premières essentielles à la guerre, évitant ainsi que l'Allemagne, vaincue, ne succombe aux tentations de la revanche. Lier ensemble en ce domaine la France, l'Allemagne et les pays européens non encore soumis à la domination soviétique sous le regard des Britanniques et la houlette des Etats-Unis lui parut ingénieux… pour un premier pas.

Dans une déclaration devenue célèbre, en date du 9 mai 1950, Schuman propose donc la mise en commun de la totalité des productions française et allemande « placée sous une Haute Autorité, dans la structure d'une organisation qui s'ouvre à la participation des autres pays d'Europe ». Le gouvernement français est ainsi le premier à vouloir partager, il vaudrait mieux dire « transférer », sa souveraineté dans une organisation supranationale. Une telle initiative méritait bien d'être inscrite dans les mémoires et la « Journée de l'Europe », imperturbablement placée sous le signe « d'une Europe dynamique, solidaire et innovante », d'être fêtée chaque année avec un enthousiasme que ses avatars successifs n'entament pas.

Le traité de Paris établissant la CECA est signé le 18 avril 1951 par la France, l'Allemagne de l'Ouest, l'Italie, la Belgique, le Luxembourg et les Pays-Bas. L'année suivante, les Etats-Unis seront le premier pays à reconnaître cette organisation. Monnet qui, pour une fois, ne répugne pas à s'afficher, en a pris le secrétariat général. Il choisit donc, sans surprise, d'installer à Washington le siège de la première représentation de la CECA à l'étranger. La surveillance atlantique est clairement assumée.

En fait, l'institution ne sera pas un succès pour ce qui était son rôle officiel : elle n'empêche pas la résurgence de grands groupes industriels nationaux allemands, ne parvient pas vraiment à mettre un terme aux ententes sur les prix et ne réussit pas à installer le primat communautaire dans le marché du charbon. Ce n'est pas très grave en vérité. Pour Monnet, il est autrement important d'avoir conçu et mis en place, avec la CECA, les institutions qui seront la matrice des institutions européennes ultérieures. Le pli est pris pour l'avenir et là est l'essentiel.

Dans l'immédiat avenir précisément, la création

de la Communauté européenne de défense doit marquer une avancée de la supranationalité dans un domaine placé au cœur de la souveraineté : les armes. Mais faute d'être conscient des passions, des frustrations, des bouleversements intervenus dans l'histoire récente du monde et particulièrement de l'Europe, faute d'ignorer qu'il y a, pour prétendre gouverner une nation libre depuis plus de dix siècles, d'autres voies que l'allégeance au plus fort, Jean Monnet va essuyer un échec retentissant dans le développement d'une stratégie pourtant soigneusement préparée.

Washington joue l'Allemagne

L'intérêt porté par les Etats-Unis au redressement allemand et son réarmement n'était pas étranger à la rapidité avec laquelle la reconnaissance de la RFA était intervenue. Dès janvier 1948, c'est-à-dire avant cette naissance, le général Ridgway avait exprimé ses craintes quant à la possibilité de résister à une poussée militaire russe en Europe sans que soit assurée une participation de l'Allemagne. Les réticences européennes, et surtout françaises, inclinèrent les Américains à mettre quelque temps cette suggestion en sourdine. Pas pour longtemps.

Il va sans dire que Konrad Adenauer, le chancelier allemand, souhaitait ardemment un réarmement qui rendrait à l'Allemagne une armée, signe décisif de son rétablissement plein et entier comme Etat. Aussi, lorsque le 25 juin 1950 les troupes nord-coréennes entrent en Corée du Sud, il adresse, sentant le moment propice, un mémorandum aux trois puissances occidentales. Il demande le renforcement des forces alliées stationnées en RFA et la création d'une armée européenne avec participation allemande. Sans doute n'a-t-il pas trop d'inquiétudes quant à la réponse attendue : elle est immédiate. Les Etats-Unis ne veulent plus de tergiversations et le disent sans précautions inutiles : « Je veux des Allemands en uniforme pour l'automne 1951 ! », déclare Dean Acheson lors de la réunion de l'Otan qui s'est ouverte à New York le 10 septembre 1950. Harry Truman fait immédiatement connaître sa décision : l'envoi de troupes américaines sera subordonné au réarmement de l'Allemagne.

Robert Schuman, alors ministre des Affaires étrangères du gouvernement français, participe précisément à cette réunion de l'Otan. Dans un premier temps, le 12 septembre, il s'oppose à la « proposition » américaine de réarmement de l'Allemagne. Face à Dean Acheson et Bevin, son homologue anglais, il tient bon… quatre jours, en fait, trois et demi. Le 16 septembre, il accepte le principe du réarmement allemand, sous certaines conditions… à déterminer. De tels comportements n'étant pas de nature à forcer le respect, les Américains, pressés, fixent alors au 28 octobre le délai pour ce faire.

Or, le jour où Schuman cède aux exigences américaines, il se trouve – heureuse coïncidence – que Jean Monnet lui fait parvenir, par lettre, une solution : puisque le traité mettant en œuvre le plan Schuman pour la Communauté du charbon et de l'acier, dont l'élaboration est en cours, a été approuvé par les Etats-Unis, un réarmement allemand conçu de la même manière, dans un cadre européen, devrait aussi leur convenir. L'idée de la Communauté européenne de défense vient de naître, porteuse d'un double dessein : répondre favorablement aux exigences américaines et favoriser l'intégration européenne dans la perspective d'un futur Etat lié à eux sur le plan militaire. Le plan Pleven – du nom du président du Conseil en exercice – est adopté en Conseil des ministres le 8 octobre, en avance sur le délai imparti par Truman ! Il a été entièrement conçu et rédigé par Jean Monnet.

Transposition fidèle, dans le domaine militaire, des institutions élaborées pour la CECA, le projet prévoit la « création pour la défense commune d'une armée européenne rattachée à des institutions politiques de l'Europe unie, placée sous la responsabilité d'un ministre européen de la défense, sous le contrôle d'une assemblée européenne, et dotée d'un budget militaire commun ». Cette armée sera intégrée dans l'Otan et le ministre de la Défense français a déjà accepté, lors de la réunion tripartite de New York, que la prééminence décisionnelle des Etats-Unis dans cette organisation ne soit, d'aucune manière, remise en cause par cette novation. Les Etats-Unis jouent par-dessus la tête d'une France dont les gouvernants sont complètement manœuvrés.

Trop internationalisé pour intégrer une dimension patriotique, trop froid planificateur pour savoir le prix de l'intuition politique, trop optimiste sans doute aussi sur la longueur de la laisse concédée à la France, Jean Monnet vient d'engager une bataille que, malheureusement, il ne perdra pas seul.

D'abord, le texte ne convient pas à l'urgence voulue par les Etats-Unis, la subordination du calendrier à la constitution préalable de structures politiques européennes risquant de prendre trop de temps ! Il fait aussi beaucoup hésiter l'Allemagne qui craint de compromettre une future réunification et, par la voix du chancelier, précise le 8 novembre 1950 au Bundestag : « Si la République fédérale doit participer [au plan Pleven] elle doit avoir les mêmes devoirs mais aussi les mêmes droits que les autres pays. » La RFA a tout juste un an d'existence ! Schuman devrait prendre exemple sur Adenauer.

Après une longue et laborieuse gestation, un accord intermédiaire sur le plan Pleven, largement amendé afin de « réarmer les Allemands sans effrayer les Français », pose les bases d'une future Communauté européenne de défense. Le principe en est accepté le 24 juillet 1951 à la conférence de Paris par les pays membres de la CECA sauf la France. A partir de ce texte, le traité de Paris, instituant la Communauté européenne de défense, est mis en forme. La signature du texte définitif a lieu le 27 mai 1952 à Bonn.

Les gains prévus dans le projet au profit de l'Allemagne sont considérables. Sur le plan politique, il lui attribue expressément l'égalité des droits avec les Etats membres, ce qui implique la réhabilitation entière de la République fédérale. Elle recouvre ainsi sa pleine souveraineté. Accessoirement, si l'on ose dire, il en résulte, pour la France, une conséquence imprévue dans un domaine des plus sensibles. Notre pays étant doté d'un programme nucléaire depuis la création du CEA en 1945, l'égalité de droits prévue au traité ouvrirait théoriquement la même voie à l'Allemagne. Or le nucléaire a fait l'objet pour elle d'une interdiction absolue lors de la capitulation de Potsdam. Sauf à violer l'un ou l'autre des traités, la destinée du nucléaire français lancé par de Gaulle dépendrait alors de la décision allemande ! Les « soldats en uniforme » pèsent lourd…

Sur le plan militaire, la RFA obtient la présence dans les forces européennes de véritables corps d'armée, ce à quoi la France s'était opposée. Bien entendu, l'armée « européenne » restera soumise au commandement en chef de l'Otan, celui-ci étant notamment autorisé à redéployer les forces européennes ou à en changer l'emploi avec l'accord d'un seul des ministres du Conseil de la CED, organe décisionnel de l'organisation. Certains articles auraient pu être rédigés par des diplomates américains et d'aucuns ont d'ailleurs murmuré que tel fut le cas. Seule démission, celle de Jules Moch, ministre socialiste de la Défense.

On croit rêver en songeant que, hormis lui, des hommes politiques en charge de la République ont pu apposer leur signature sous de telles dispositions.

Reste cependant à procéder à la ratification par le Parlement français du traité signé par le gouvernement. La « querelle de la CED », d'une ampleur et d'une profondeur inédites, va déchaîner une bataille politique qui marquera la vie politique française pendant plus de deux ans.

Au sein même du MRP, on compte des parlementaires adversaires du traité, tels Léo Hamon, l'abbé Pierre ou Robert Buron. Les radicaux et les socialistes sont divisés à peu près par moitié. Edouard Herriot, Jules Moch, Edouard Daladier, Daniel Mayer, Alain Savary ou Robert Verdier, figures historiques, s'y opposent violemment, ainsi que les gaullistes et les communistes. La revue *Esprit*, dirigée par Jean-Marie Domenach, dont l'influence morale et intellectuelle est considérable dans les milieux de la gauche sociale et chrétienne, s'engage contre la ratification. Même *Le Monde* rejoindra ce camp. Le 25 février 1953, le général de Gaulle déclare simplement : « Le traité attribue au commandant en chef atlantique, en ce qui concerne le destin de la France, des droits quasi discrétionnaires, tels, en tout cas, qu'à aucune époque, dans aucun pays, aucun gouvernement n'en a jamais concédé à aucun de ses généraux. » Quant à André Malraux, il s'écrie au Vél' d'Hiv' : « Et nous aurions fait de la résistance pour que le général Guderian devienne, par décision américaine, commandant militaire de la place de Paris ? »

Le débat parlementaire de ratification est constamment reporté par les présidents du Conseil successifs, peu soucieux de s'y engager. Pierre Mendès France, qui n'y est pas favorable, propose aux autres signataires, en août 1954, la négociation d'un nouveau protocole. Elle lui est refusée. Il décide alors de soumettre le texte à la ratification. Son gouvernement – dans lequel François Mitterrand détient le ministère de l'Intérieur – étant, comme les précédents, profondément divisé, il n'engage pas sa responsabilité et le texte est rejeté sur une motion de procédure : il n'était plus question de chercher l'élégance.

Les démocrates chrétiens ne pardonneront jamais à Mendès France ce qu'ils appellent « le crime du 30 août ». Les députés MRP, qui avaient voté contre les consignes du parti, furent tout simplement exclus, y compris les anciens ministres. Intransigeance rare dans un mouvement réputé pour sa tolérance et rappel, au passage, qu'il arrivait encore aux politiques, dans un régime parlementaire aussi dégradé que celui de la IVe République, de se battre pour leurs idées.

Nos partenaires, eux, trouvaient que les atermoiements français avaient trop duré et ne voulaient plus attendre pour parfaire la souveraineté allemande et son réarmement. Ce sera chose faite à Londres, à l'automne 1954. Les six pays membres de la CECA ainsi que les Etats-Unis et le Canada autorisent alors la République fédérale à créer une armée nationale, au même titre que les autres Etats participants, mais dans le cadre de l'UEO, exactement comme tous les autres pays membres. Elle décidera alors, elle en a le droit, d'adhérer à l'Otan. Ce sera fait en 1955.

La leçon reçue par la France au cours de ces années était rude. Nous n'avions pas cessé d'être ballottés, dominés, manipulés par des Alliés à qui nous n'en imposions guère, et ce de notre fait. A côté de nous, l'Allemagne était devenue en dix ans un Etat et, qui plus est, un Etat partenaire stratégique des Etats-Unis, ancienne puissance occupante. Il faut saluer son courage et son habileté. Mais il vaudrait mieux pour chacun de nos deux pays et aussi pour l'Europe que nous fassions preuve de plus d'indépendance et de lucidité. Pourquoi sommes-nous si souvent aveuglés par la vanité, la faiblesse ou le découragement ? Pourquoi ne savons-nous plus penser et vouloir ? Pourquoi toujours faire semblant ?

La IVe République et ses hommes, qui cependant n'étaient pas tous médiocres, avaient atteint les limites de l'impuissance. Celle-ci devint insupportable lorsqu'ils se révélèrent inaptes à répondre aux aspirations des peuples liés par sujétion à la France et désormais épris de liberté. Le Général, lui, avait déjà su leur parler dès 1944, à Brazzaville. Il fallut bien alors, en désespoir de cause, chercher à Colombey le secours de celui qu'on avait voulu ignorer douze ans durant. Pour les hommes en place, il s'agissait surtout de se décharger du problème algérien qui les embarrassait fort. Mais le désarroi dont ils faisaient preuve dans ce drame était le signe inquiétant d'un aveuglement plus profond dans une Europe dont les bouleversements leur échappaient.

Une France souveraine et redressée

D'entrée de jeu, dans l'ordre interne, mais aussi au regard de l'Europe et du monde, les décisions seront prises. La France doit être forte, libre, acteur respecté dans les relations internationales.

La force ? Elle reposera sur des institutions légitimes, une économie redressée, une armée reconstruite, la maîtrise du nucléaire militaire qui place la France à la table des Grands. Pour le nucléaire civil, de Gaulle avait eu le temps, en 1945, de créer le Commissariat à l'énergie atomique et d'y nommer Frédéric Joliot-Curie.

La liberté ? C'est le refus d'une supranationalité européenne castratrice des Etats. C'est la sortie du commandement intégré de l'Otan, rendue possible par la détention de l'arme nucléaire sans que soit le moins du monde mise en cause la solidité de l'Alliance. La preuve en sera faite lors de la crise de Cuba par la sobre réponse du Général à Sergeï Vinogradov, alors ambassadeur d'URSS à Paris : « Eh bien, nous mourrons ensemble, monsieur l'Ambassadeur ! »

Les alliances et les relations internationales? Elles seront fondées, en premier lieu, sur la réconciliation avec l'Allemagne. Mais aussi sur la reprise des relations avec la « Russie » puisque c'est ainsi que de Gaulle désigne souvent l'URSS, forme passagère, selon lui, de cet éternel empire. Ces relations seront concrétisées par l'instauration, dès 1966, d'un partenariat en matière spatiale. Nous sommes alors la troisième puissance du monde de l'espace. La même année, la France reconnaîtra la Chine conduite par Mao Zedong.

La France avait en même temps, faut-il le rappeler, ouvert aux peuples de la « France d'outre-mer » les portes de la liberté. Quant à l'indépendance de l'Algérie, elle était assurée, après tant de souffrances et de larmes, par le double vote intervenu de part et d'autre de la Méditerranée.

Une nation, une vision, une volonté, des actes. Le gaullisme, sans doute est-ce cela : le destin d'un peuple libre inscrit dans l'avenir. Ouvrant pour la France de telles perspectives, le général de Gaulle offrait à notre pays un demi-siècle d'avance. Comment avons-nous été assez bêtes et lâches pour tout dilapider?

Il y a quelque chose de vertigineux dans l'accélération de la chute. C'est l'ensemble tout entier qui fléchit, et surtout ce qui en constituait la structure et le terrain premier : les institutions et la politique européenne.

De Gaulle voulait un Etat doté d'institutions fondées sur la souveraineté du peuple, reconnues justes par les citoyens, propres à maintenir et perpétuer la continuité nationale. Le discours de Bayeux en dessinait la trame. La Ve République, dans ses deux actes fondateurs, répondait à cette double exigence. Pour la première fois dans l'histoire républicaine, la France était dotée d'un régime équilibré. De Gaulle le décrit lui-même, en quelques mots : « Certes la Constitution que les Français ont donnée à la République en 1958 attribue au Parlement le pouvoir législatif et le droit au contrôle, car il faut, dans l'action publique, des débats et un équilibre. Mais ce que notre Constitution comporte de nouveau et de capital, c'est, d'une part, l'avènement du peuple, en tant que tel et collectivement, comme la source directe du pouvoir du chef de l'Etat et, le cas échéant, comme le recours direct de celui-ci ; d'autre part, l'attribution au Président qui est et qui est seul le représentant et le mandataire de la nation tout entière, le devoir d'en tracer la conduite dans les domaines essentiels et des moyens de s'en acquitter. »

Vivante, souveraine, victorieuse et redressée, la France peut alors « être telle qu'elle l'entend et se conduire comme elle veut ». Cette liberté règle, pour le chef de l'Etat, la place et le rôle qui seront ceux de notre pays dans les relations internationales, et d'abord en Europe.

L'Allemagne est au centre des problèmes.

Le Général pensait conforme à la nature des peuples européens qu'ils puissent former un tout. Il savait aussi, leçons de l'Histoire toujours répétées, qu'aucune tentative des « fédérateurs » n'avait, au cours des siècles, « obtenu des pays soumis qu'ils renoncent à être eux-mêmes » et que toute centralisation arbitraire provoque immanquablement la virulence des nationalités. En revanche, il pensait le moment favorable pour un rapprochement organisé des Etats d'Europe, exemple d'entente, de coopération et ouvrant, pourquoi pas, la détente avec l'est du continent.

Il trouvera dans le chancelier allemand, Konrad Adenauer, un partenaire résolu et sincère.

A la tête de l'Allemagne depuis 1949, Adenauer demande très vite à rencontrer de Gaulle. Le président du Conseil français le reçoit chez lui, à La Boisserie, marque d'honneur et de confiance qu'il n'accordera jamais à aucun autre que lui. Un lien solide et durable se noue entre les deux hommes, fondé sur le sens que l'un et l'autre ont de leurs responsabilités et la profonde volonté de réconcilier leurs deux peuples. Charles de Gaulle en pose clairement les exigences pour l'Allemagne : l'acceptation des frontières définies à l'issue du conflit, l'interdiction absolue de l'accès aux armes atomiques, une relative détente avec l'Est… et « une patience à toute épreuve pour la réunification ».

Ni l'un ni l'autre n'envisagent pour l'Europe une disparition des peuples, des Etats ou des lois dans une construction « apatride », même si le chancelier reconnaît, non sans humour, que « la mystique de l'intégration lui a été fort favorable, dans un premier temps ». Adenauer insiste sur l'intérêt porté par l'Allemagne à une organisation occidentale du continent qui encourage les Etats-Unis à rester présents en Europe. Tous les deux sont favorables au maintien et au développement d'un Marché commun et d'une entente. Le Général annonce donc son intention de tenter la mise en œuvre du traité de Rome et de proposer des réunions régulières à six sur toutes les questions politiques posées au monde.

Dans ce climat, le Général fait part au chancelier des décisions qu'il a prises concernant l'arme nucléaire et la sortie de l'Otan dans lequel la France ne dispose ni d'autonomie ni d'aucune responsabilité bien que le siège en soit installé à Paris. En revanche, le chef du gouvernement français comprend parfaitement l'importance attachée par le chancelier à la protection assurée par cette organisation dans le voisinage incertain qui est celui de l'Allemagne.

Les rapports directs et préférentiels entre les deux hommes, c'est-à-dire entre les deux Etats, ne se distendront pas. Le chancelier joindra constamment ses efforts à ceux du Général dans la mise en œuvre du Marché commun. Il soutiendra fermement la ligne convenue avec lui, celle d'une harmonisation des intérêts pratiques des Etats, de leur solidarité et, si possible, de leur politique extérieure. Tous les deux s'opposeront à l'évolution vers une entité supranationale fusionnant l'ensemble et Adenauer adhérera à l'idée gaullienne d'une organisation des Etats de l'Europe occidentale dans les domaines politique, économique, culturel, ou même de la défense. Il soutiendra le plan Fouchet que le Général propose d'établir en ce sens. L'accord apparaîtra tout proche, l'Italie inclinant vers l'approbation du projet. Les pressions extérieures des Britanniques et l'acharnement des fédéralistes irréductibles y feront finalement obstacle. Paul-Henri Spaak, notamment, déclarera sans pudeur qu'il ne signera pas ce traité, « même s'il lui convient tel qu'il est ». Le plan Fouchet ne verra pas le jour. C'était le 19 juillet 1961.

Aucun des deux hommes ne sait alors ce qui se prépare secrètement à l'Est. Quelques jours plus tard, 12 août, commence la construction du Mur, symbole cruellement ostensible de la déchirure allemande. Les Alliés protestent mais n'interviennent pas. Cette situation est pour Kennedy « mille fois préférable à la guerre ». Adenauer quittera le pouvoir en 1963.

La France était alors prospère et son industrialisation florissante. Mais les Français, volages, voulaient faire relâche et se détournaient de celui à qui ils devaient tout. Ils le rééliront en 1965 avec un peu de lassitude, puis lui diront « non » quatre ans plus tard. Alors le Général donnera l'exemple superbe de ce que doit être, dans la Ve République, l'exigence de la démocratie.

L'adhésion des Français, qui constitue la source du pouvoir, en constitue par là même les limites. Elu par le peuple sur le projet politique qu'il propose au pays, le président doit aussi consulter celui-ci lorsque des choix majeurs mettent en cause la souveraineté de la nation et les voies que celle-ci emprunte. Si l'adhésion fait défaut, si le peuple rejette les choix et la ligne tracée par le chef de l'Etat, si seulement il apparaît qu'il se détache de lui, celui-ci ne peut ni imposer ses desseins ni s'imposer lui-même sans violer le principe des institutions. Cette règle, au-delà du droit, relève de l'esprit, mais elle se situe au cœur de la Ve République. De Gaulle en fit alors la preuve. La fêlure révélée entre les Français et lui, dans les désordres de Mai 68, imposait que soit confirmée ou infirmée leur adhésion à ce qu'il proposait. Les élections législatives n'y suffisant pas explicitement, il la sollicita par référendum. Les Français la lui refusèrent. Il en tira les conséquences. En quelques mots [1].

Les lointains successeurs du Général semblent définitivement inaptes à comprendre, plus encore à imaginer, que telles sont les exigences du légitime pouvoir dans la démocratie. C'est bien pourquoi l'un et l'autre meurent ensemble.

1. « Je cesse d'exercer mes fonctions de président de la République. Cette décision prend effet aujourd'hui à midi. » (28 avril 1969)

Après le départ du Général, Pompidou, qui n'était pas gaulliste d'instinct mais de raison, s'efforcera de maintenir sinon la flamme gaullienne, au moins la structure institutionnelle qui donnait une stature à la France. Sans doute portait-il en lui, secrète, une blessure. Il savait qu'il n'avait ni le passé, ni le charisme du Général et que pour « maintenir », précisément, il lui fallait parfois adopter d'autres voies. Là sans doute se trouve la raison véritable qui lui fit soutenir, en 1972, l'entrée dans la Communauté économique européenne d'une Grande-Bretagne « qui viendrait à point nommé la rééquilibrer » et sans laquelle cette Communauté « serait tôt ou tard dominée par Bonn ». Face à la montée en puissance de l'Allemagne, il avait senti que l'équilibre serait ainsi davantage à sa main. « Il faut que l'on sache que je ne consentirai jamais à aucun marchandage "économie" contre "politique" [...] Cela est vrai pour ce qui concerne les rapports avec l'URSS, mais cela est vrai aussi pour l'Europe », avait-il martelé à la conférence de La Haye, au lendemain de son élection. Il savait que l'Europe ne se réaliserait pas sur l'illusion mythique d'une entité regroupant en un ensemble unique tous ses composants, mais qu'elle devait se construire en assumant cette diversité, en tirant sa force des différences elles-mêmes et en progressant par la recherche constante des coopérations entre des nations. Malheureusement, il ne sera pas longtemps là pour tenir ferme le jeu, comme il savait le faire, à sa manière.

Après lui, on devinera vite, dans le glissement des comportements, que ses successeurs, prenant pour assurés le prestige et la prospérité dont ils bénéficiaient, crurent pouvoir les cumuler avec une normalisation politique convenant mieux à leur tempérament. Les habitudes d'une gestion dans la condescendance et la facilité vont s'établir peu à peu.

A l'utopisme de Valéry Giscard d'Estaing succèdera une désagrégation des institutions de la Ve République voulue autant que subie par François Mitterrand. L'effilochage de l'Etat va commencer.

Au fil de l'eau

Lorsque les ministres MRP eurent quitté bruyamment le gouvernement de Georges Pompidou en 1962, Valéry Giscard d'Estaing restait le seul ministre en exercice à fréquenter Jean Monnet. C'était pour celui-ci un homme qui comptait, mais Giscard n'était, par nature, guère porté à la dévotion et Monnet n'était plus l'Inspirateur, même si le salon de l'avenue Foch restait un fort utile centre de réseaux.

Avec ou sans Monnet, la tentation fédéraliste n'a sans doute jamais quitté Giscard. Le choix de cette voie fut, chez celui-ci, un projet opiniâtrement enraciné tout simplement parce qu'il s'accorde parfaitement à son tempérament. Appliqué à l'Europe, le rêve fédéraliste, conjuguant l'ampleur du projet à la confusion des responsabilités, convenait assez bien au mouvement naturel portant le futur président à dominer par l'esprit sans se compromettre dans la quotidienneté. Et puis un jour, peut-être, une présidence de l'Europe pourrait donner un autre lustre que celle d'une France dont il évaluait volontiers la place en pourcentages. En attendant, il décida de faire élire le Parlement européen au suffrage universel.

Giscard avait voté oui aux deux scrutins référendaires fondant la Vᵉ République. Il semble cependant qu'une certaine prudence au regard du Général et le souci de sauter d'une République à l'autre sans quitter le gouvernement aient été une motivation l'emportant largement sur une adhésion profonde aux institutions. La nécessaire adéquation du soutien du peuple à la fonction présidentielle lui avait clairement échappé. Dans le discours qu'il prononça à Verdun-sur-le-Doubs, alors qu'une victoire de l'Union de la gauche en 1978 paraissait probable, il ne manqua pas de déclarer, tout en décrivant les inconvénients pouvant en résulter, qu'il ne démissionnerait pas, alors même qu'il ne pourrait empêcher une politique contraire à la sienne. Cette transgression lui fut épargnée, faute d'occasion, mais l'annonce en était plus qu'une maladresse : elle avait rendu plausible la rupture du lien permanent entre le peuple et le président. Son successeur n'allait pas manquer d'en faire mauvais usage.

D'aucuns ont voulu faire croire que François Mitterrand, devenu président, « respectait les institutions ». C'est oublier qu'elles n'étaient pour lui que le cadre d'une dignité présidentielle très longtemps convoitée. Lorsque la menace d'une défaite de la gauche aux élections législatives risqua de mettre un terme anticipé à son mandat, Mitterrand s'empara sans façons de la cohabitation dont Edouard Balladur venait de théoriser l'usage éventuel. Elle allait lui permettre de franchir l'obstacle et désagréger, du même coup, le fondement même des institutions de cette Vᵉ République tellement détestée.

Insoucieux d'en faciliter la pratique à celui qui s'était institué depuis des décennies comme le rival inexpiable du Général, Edouard Balladur avait en effet développé ses analyses en public. Selon lui, rien, vraiment rien dans la Vᵉ République ne faisait obstacle à une dualité politique à la tête de l'Etat. Il est vrai que le caractère de l'ancien collaborateur de Georges Pompidou et son incapacité absolue à toute autre attitude que le compromis ne le prédisposaient guère à la compréhension d'institutions reposant essentiellement sur l'exigence démocratique et le respect du peuple. Cet homme, étiqueté gaulliste, aura passé une grande partie de sa vie politique à œuvrer pour leur désagrégation, sans que l'on sache très bien s'il s'en rend compte ou non.

La cohabitation balladurienne offrit à François Mitterrand le moyen de demeurer, sans autre formalité, deux fois sept ans à l'Elysée. Et l'inventeur n'en fut pas même remercié. A l'issue de son second septennat, François Mitterrand le fera battre *in fine* au profit de Chirac. Il lui était en effet devenu tentant, à ce moment ultime, de léguer au successeur autoproclamé du général de Gaulle des institutions ainsi mutilées. Quinze ans plus tard, il semble que les suivants ne s'en soient toujours pas aperçus... à moins que là réside, au contraire, le secret de tant de révérence pour tant d'accommodements.

Que François Mitterrand ait su utiliser une défaite électorale pour saper l'œuvre de celui à la hauteur duquel il ne serait jamais; qu'il ait pu éprouver une sorte d'assouvissement lorsqu'il constatait le 14 juillet 1993 : « La Ve République est une république parlementaire, et ceux qui la caractérisent par la prééminence présidentielle se trompent », on peut le comprendre. Mais que penser des autres, de tous les autres qui, se prétendant, ou non, héritiers du Général, répètent la même phrase, en écho ?

Les Français sont pourtant de « braves gens » et capables de sursaut quand on les respecte et qu'on sait leur parler. Chirac avait été élu, pour un second mandat, dans des conditions ambiguës, par une majorité qui n'était pas vraiment la sienne. Mais lorsqu'il s'opposa haut et fort à une résolution des Nations unies autorisant l'intervention militaire en Irak décidée par George Bush et Tony Blair, les Français l'approuvèrent massivement et le monde entier découvrit que la France avait encore une politique étrangère. Trois ans plus tard, le même président décida, après que le traité portant Constitution pour l'Europe eut été signé le 29 octobre 2004, à Rome, d'en soumettre la ratification aux Français par référendum. De nouveau, la France s'enflamma et l'Europe entière balança, durant tout le débat, entre l'espoir des peuples et le souci des chancelleries. Les Français ne suivirent pas l'invitation de Chirac à ratifier le traité et votèrent « non ». Mais ils approuvèrent d'avoir été saisis dans les formes constitutionnelles et que soit ainsi donnée une leçon de démocratie. Sans doute eût-il mieux valu que le président français ait le courage d'assumer le résultat du vote. Il n'en demeure pas moins que sa démarche marquait un respect des citoyens dont on déplore qu'il ne se soit pas perpétué.

La démocratie est un dialogue, souvent difficile, toujours risqué, entre le peuple qui fonde le pouvoir et ceux qui le gouvernent. Cette relation essentielle ne peut s'exprimer hors d'un cadre permettant de déterminer qui est responsable et de quoi. Dans nos démocraties, ce cadre, c'est l'Etat. La vie politique n'est acceptable que lorsque ses acteurs sont capables de définir le sens de leur action et d'en assumer la responsabilité. On attend des dirigeants le choix d'une ligne politique reposant sur une analyse des relations de force dans un monde en mouvement, de la place que le pays occupe, des cartes dont il dispose et de la manière dont on doit les jouer. Il faut de la lucidité, du courage et de la volonté. Faute de quoi, la gestion politique apparaît chaotique et les responsabilités inconsistantes. Or rien ne cause plus de désordre que les errements d'un peuple à la recherche de ses interlocuteurs. Rien n'engendre plus de désarroi que la peur.

III

LA ROUE TOURNE

Les Français ont peur, parce que la tempête de la crise s'est abattue sur eux alors que tout lien s'est rompu avec leurs gouvernants ; ils ont peur, en raison du vide dans lequel ils se trouvent, parce qu'ils sentent bien qu'on leur cache la vérité des choses. Simples objets dans ces querelles de puissants, ils ne gardent qu'une certitude : c'est à eux que l'on s'adressera, quoi qu'il advienne, pour en régler les frais.

Eux, les humbles, les obscurs, les sans-grade, percevaient cependant, et depuis des années, les profonds mouvements souterrains à l'œuvre dans le monde. Ils les décelaient avec l'intuition claire de ceux que les intérêts personnels ou le narcissisme n'encombrent pas. Simplement aussi parce qu'ils en découvraient tous les jours les effets dans leur vie quotidienne, par les délocalisations, les emplois disparus, l'avalanche des produits importés. Ils prirent conscience bien avant leurs dirigeants qu'avec l'entrée de l'Asie et surtout de la Chine dans le commerce mondial, la montée du chômage était inéluctable, qu'il était impossible de supporter brutalement la concurrence de pays dans lesquels le coût du travail était dix fois moins élevé qu'en France et que tous les beaux discours n'y changeraient rien. Ils voient l'avenir se fermer et ont compris par bribes, mais bien avant l'aveu de ceux chargés de les conduire, que si la chute du Mur avait rétabli l'Europe dans son unité, elle changeait plus encore la face du monde entier. Le bon sens leur suffit pour savoir que l'entrée de deux milliards et demi d'êtres humains dans le jeu planétaire n'ira pas sans conséquences, pour eux douloureuses.

Le retour de la Russie

La chute du mur de Berlin constituait, pour le monde libre, les prémices de la victoire. L'effondrement du symbole annonçait, à l'évidence, celui d'un totalitarisme soviétique déjà chancelant. Le « nouvel ordre mondial » dont les Etats-Unis s'étaient fait les champions pourrait s'épanouir et ce serait de leur fait. Il convenait seulement d'œuvrer à cette fin dans ce qui avait été l'URSS.

On ne saurait nier que les Occidentaux aient participé à l'évolution conduisant à un tel aboutissement. Certes, ils avaient, dans les années soixante-dix, cultivé la « coexistence pacifique » initiée par Nikita Khrouchtchev et l'Ostpolitik choisie par Willy Brandt. L'Empire soviétique en avait tiré grand profit et, le 1er août 1975, l'Acte final de la conférence d'Helsinki en consacrait l'apothéose, trente-cinq pays ayant pris l'engagement de respecter les frontières issues, en Europe, de la Seconde Guerre mondiale.

Face à une sphère d'influence soviétique grandissante, l'Occident commençait cependant à s'interroger. L'inquiétude succéda à l'interrogation lorsque, sous couvert de la « modernisation » prévue pour les armes nucléaires aux termes de l'accord signé entre les deux Grands le 26 mai 1972, et destiné à « modérer » l'augmentation de leurs stocks, les Soviétiques commencèrent, cinq ans plus tard, à fabriquer de nouvelles fusées, les SS-20. Ces armes, par lesquelles l'URSS pouvait atteindre avec une précision considérablement accrue des cibles situées à plus de 4 000 kilomètres, se révélaient très supérieures à celles qu'elles devaient remplacer. Elles bouleversaient incontestablement l'équilibre stratégique et se révélaient menaçantes pour l'Occident. Le chancelier Schmidt sonna l'alerte, soulignant que l'installation des SS-20 « créait au bénéfice de l'Union soviétique un instrument capable d'exercer une pression politique sur les nations se trouvant à sa portée et cela sans que l'Occident ait alors les moyens de rétablir cet équilibre ». La proposition émise par le président Carter d'installer en Europe des missiles de même nature n'aboutit pas, mais l'attitude des Etats-Unis changea brusquement. Elle se durcit plus encore avec l'élection de Ronald Reagan et l'arrivée au pouvoir de l'administration républicaine. Dès lors, le monde allait assister au déclenchement d'une formidable campagne contre « l'Empire du mal », à la démonstration complaisante des réalisations technologiques américaines révélées par l'« Initiative de défense stratégique » et à une augmentation spectaculaire des crédits alloués au Pentagone.

Le renforcement de la pression américaine eut bien sûr pour conséquence de souligner crûment les carences du système soviétique, déjà patentes. Dès la disparition de Leonid Brejnev, Iouri Andropov avait engagé, dans l'urgence, un examen portant sur les rigidités du système politique et sur la corruption affectant la Nomenklatura. Diagnostic indispensable à l'« accélération » des performances, puisque tel était le nom donné à la réforme engagée. Il n'eut pas le temps d'en apprécier les effets, non plus que Tchernenko, son éphémère successeur, les secrétaires généraux du comité central décédant alors à un tel rythme que les Russes ironisaient sur l'opportunité de prendre abonnement aux enterrements sur la place Rouge. Il fallut attendre l'arrivée de Gorbatchev pour qu'apparaissent des signes de véritables changements. La personnalité du nouveau secrétaire général, ses contacts avec Mme Thatcher et Ronald Reagan, mais surtout l'introduction de la « vraie » perestroïka, celle méritant, selon Gorbatchev lui-même, « un signe d'égalité avec révolution », permirent de faire évoluer l'impression donnée par le pouvoir soviétique et d'instaurer « une nouvelle façon de penser ». La politique étrangère demeurant, autant que sous les tsars, l'élément déterminant de la politique intérieure, la perestroïka commencera par là. La coexistence pacifique avec l'Ouest prend donc un tour nouveau et les confrontations entre blocs doivent s'effacer devant la « solution en commun des problèmes globaux que pose la planète ». La lutte idéologique n'est plus à l'ordre du jour et les valeurs propres à chaque système doivent céder le pas à celles, universelles, sur lesquelles s'entendent les humanistes du monde entier.

Cette inversion de la politique soviétique entraîne des conséquences diplomatiques quasi immédiates. Un accord sur les euromissiles est très rapidement signé à Washington le 8 décembre 1987. Une série d'autres suivent, qui mettent fin à « l'équilibre de la terreur ».

Les conséquences du bouleversement doctrinal et la politique de désarmement qui lui est liée conduisent rapidement l'URSS à se retirer d'une large partie de l'empire. L'amorce du désarmement soviétique est marquée par deux événements majeurs et hautement symboliques : le retrait soviétique de l'Afghanistan et la chute du mur de Berlin. Une fois de plus, le contexte politique change.

Gorbatchev souhaitait sans doute gagner le temps nécessaire à une rénovation de l'URSS afin d'assurer sa pérennité. Or, à partir de ce moment, nous le savons, la perestroïka échappe à tout contrôle. La déplanification laisse dans le vide une économie qui n'est plus déterminée par les armements, les coopérations avec l'étranger sont autorisées, les entreprises publiques encouragées à établir avec l'Etat des relations de type commercial, la société civile est émancipée. Les chambardements engagés réveillent alors les passions nationales enfouies depuis des lustres sous l'internationalisme prolétarien, à commencer par celles de la Russie.

Moscou était le siège des institutions de l'URSS, mais celles-ci existaient aussi, en double, dans toutes les capitales des républiques socialistes soviétiques. Seule la capitale de l'empire n'en était pas dotée en tant que capitale de la Russie. Michel Heller, subtil analyste du système dans *L'Utopie au pouvoir*, prédisait depuis des années que l'institution à Moscou d'organes du parti communiste propres à la Russie marquerait la mort de l'URSS. L'analyse était juste. La Constitution soviétique rénovée à l'occasion de la XIXe conférence du Parti avait maintenu le principe selon lequel les institutions de l'Union étaient reprises au niveau de chaque république mais, pour la première fois, la Russie décida de se doter d'un Parlement.

« Le pluralisme envahissant le monde des idées, la démocratie politique suivait. » Elle donna lieu, dès 1989, à l'élection d'une nouvelle institution parlementaire, le Congrès des députés du Peuple, qui élit Mikhaïl Gorbatchev président de l'URSS, puis abrogea en 1990 le « rôle dirigeant » du parti communiste. De leur côté, les « libéraux » avaient trouvé un chef en la personne de Boris Eltsine. Celui-ci prit, le 29 mai 1990, la présidence d'un Parlement russe qui se proclamait souverain. Après que ce nouveau président eut réduit une tentative de putsch, il apparut comme le vainqueur de cette turbulente période. Gorbatchev tenta de sauvegarder une Union dont l'appareil industriel perdurait encore et dont l'arsenal nucléaire était considérable. Il n'y parvint pas. L'URSS cessa d'exister le 8 décembre 1990 et Gorbatchev démissionna le 25 du même mois.

Les convictions libérales animant en cachette une « intelligentsia du bas empire soviétique », selon l'expression de Georges Sokoloff [1], n'avaient pas été pour rien dans ce vertigineux « démontage » du pouvoir soviétique. Ces hommes avaient en effet convaincu le Kremlin qu'il fallait sortir le pays du retard d'où n'avaient pas su le tirer les modernisations forcées et que, pour ce faire, il convenait de le rendre compatible avec le modèle occidental, dans ses valeurs comme dans ses institutions.

Accédant au pouvoir, Boris Eltsine décida d'ouvrir ce chantier et de s'attacher à la totale mutation d'une économie militaire planifiée en une économie de marché libérale tournée vers la consommation. La surprise passée, l'Occident accompagna le mouvement, fort satisfait des évolutions émancipatrices de tout ce qui avait été l'espace soviétique. Ce fut la chronique d'un désastre annoncé dont nous n'avons pas, de loin, mesuré l'ampleur.

Au nom de la démocratie, le peuple russe assista à la dissolution de l'Etat, à la décomposition de l'administration et à celle d'une armée encore puissante. Sommés de renoncer à des conquêtes

1. Georges Sokoloff, *La Démesure russe, mille ans d'histoire*, éd. Fayard, 2009.

qui avaient fait leur fierté, les Russes en attendaient au moins des libertés immédiates. Ils auront droit à une « expérimentation sauvage » du néolibéralisme. Certes, l'économie de l'URSS se trouvait en fort mauvais état lors de la chute du régime, mais le programme mis en œuvre par Eltsine dès son arrivée au pouvoir fut d'une extrême brutalité, sans qu'aucune transition ordonnée n'ait été prévue. Washington recommande une « thérapie de choc »? Moscou s'exécute et se montre « libéral en diable ! ». Liberté du commerce et des prix, rigueur financière, privatisations, ouverture sur l'extérieur sont décidées précipitamment dans un contexte parfaitement ignorant des relations « monétaires-marchandes ». Le chaos créé par cette politique ouvre la voie au jeu des intérêts et des convoitises les plus déraisonnables dans les cercles mêmes du pouvoir, à commencer par l'entourage de Boris Eltsine. Les scandales sont à leur comble lors des privatisations de 1996-1997, les « oligarques » défrayant la chronique par leurs prévarications, leurs guerres et leurs crimes. Le complet démembrement de l'Etat s'accompagne du discrédit total de l'ordre social post-soviétique, d'un appauvrissement tragique de la population et de conséquences désastreuses sur l'économie.

Une opposition monte en Russie contre ceux qui « dictent ses réformes » à Eltsine, d'autant que l'Ouest ne semble plus guère se souvenir des accords passés naguère avec Gorbatchev, avant la dissolution de l'URSS. Le point de vue des Russes compte de moins en moins dans la détermination des objectifs internationaux américains. On leur donne de l'argent… et quelques promesses, d'accéder plus tard, peut-être, à l'OMC ou au G7. Alors que les Russes ont dissous spontanément le pacte de Varsovie et adhéré au « Partenariat pour la paix » proposé par l'Otan aux ex-membres du bloc soviétique, ils n'apprécient pas la rupture, par l'administration Clinton, des accords par lesquels Moscou et Washington s'étaient interdit de construire des boucliers antimissiles, pas davantage la célébration des avancées de l'Otan vers l'Est. Les bombardements sur Belgrade sans l'accord du Conseil de sécurité n'améliorent pas leur perception des comportements des Américains… qui sont d'ailleurs contraints d'avoir recours à la diplomatie russe pour amener M. Milosević à composition. Bref, ils n'aiment pas que l'on parle d'eux comme d'une « bavure sur la carte ». Ils vont en tirer les conséquences et en garderont le souvenir.

Paradoxalement, la crise financière d'août 1998 sera le début de la renaissance russe. L'arrivée d'Evgueni Primakov comme Premier ministre, le 1er septembre, marque la fin de l'époque néolibérale. Une dévaluation bien gérée, l'économie repart sur des bases saines et la Russie ouvre une période de croissance économique ininterrompue. Le prix des hydrocarbures n'y sera pas pour rien, mais la progression de la consommation et des investissements y contribueront aussi, et largement. Primakov peut dès lors amorcer une inévitable réorientation politique, prônant la « diversification ». La Russie de Poutine et de Medvedev prolonge et accentue cette reconstruction. Elle retrouve sa puissance. Elle ne laissera plus entamer ses intérêts ni la place qui doit être la sienne dans son proche étranger ex-soviétique. Au-delà et surtout, l'aigle à deux têtes, emblème de l'Empire, ne regardera plus exclusivement vers l'Ouest, mais autant et sinon davantage vers l'Est, vers la Chine, l'Inde et l'Iran. Elle est mieux placée que toute autre pour mesurer l'importance du retour dans le jeu mondial de puissances millénaires, éclipsées par quelques avatars, mais décidées aujourd'hui à reprendre leur place. La realpolitik ramène la Russie à son histoire et l'Occident va découvrir que les longues histoires peuvent donner aux peuples de longues patiences.

Celle des Etats-Unis est courte. Elle leur donne le formidable élan des fondateurs, le courage, l'intelligence, la foi en Dieu et en soi qui font les conquérants. Mais ils vont devoir apprendre qu'il ne faut pas tenter de modeler le monde à son image et à sa ressemblance. Les Etats-Unis avaient, depuis un demi-siècle, construit leur vision de ce que celui-ci devait être. Ils disposaient des moyens militaires et économiques pour l'imposer, avec la coopération plus ou moins enthousiaste de l'Europe. Seule l'URSS, autre grand vainqueur de la Seconde Guerre mondiale, et ceux qui se réclamaient d'elle, avaient été en mesure de s'y opposer. Sa faillite et son éclatement avaient fait croire aux Américains que leur victoire politique et idéologique était totale, que le libéralisme économique et la démocratie allaient régner dans une mondialisation équilibrée sous leadership américain. Il y avait là, c'est vrai, plus d'illusions que de raison, mais les illusions se dissipent. L'Histoire rebat toujours les cartes et souvent cruellement.

Aujourd'hui, la Russie sort de la crise financière et économique plus vite et mieux que les démocraties occidentales. Son retard est cependant considérable dans de nombreux domaines, notamment industriels. Or force est de constater des signes indiscutables soulignant l'importance accrue d'intérêts réciproques noués avec l'Allemagne. Les relations entre les deux pays sont celles d'une histoire millénaire. La partie la plus récente n'en fut pas la moins terrible et les drames auxquels son souvenir est associé excluent à tout jamais que de tels enchaînements puissent se renouveler. Précisément pour cette raison, il n'est peut-être pas inutile de les évoquer, d'autant que le chancelier Kohl, le premier, a prononcé le nom qui réveille tant de souvenirs, celui de Rapallo.

Les leçons de Rapallo

Dès juillet 1990, Helmut Kohl avait effectué en URSS une visite dont le but premier était d'obtenir l'assurance que les Soviétiques ne s'opposeraient pas au maintien de l'Allemagne réunifiée dans l'Otan. A peine rentré de Jeleznovodsk, ville du Caucase où, après avoir reçu un accueil triomphal, il avait été rassuré sur ce point, le chancelier s'écriait : « Jeleznovodsk n'est pas Rapallo ! » Sans attendre que le rappel à cet épisode historique tabou soit commenté par d'autres, il précisait : « Rapallo était un accord de compensation mutuelle scellé entre les deux vaincus de la Première Guerre mondiale alors qu'aujourd'hui, c'est une Allemagne fermement attachée aux principes démocratiques de la Communauté européenne qui négocie avec l'Union soviétique, d'accord avec les Alliés », puis il insistait : « Le premier télégramme de félicitations qui m'ait été adressé, après ma rencontre avec Mikhaïl Gorbatchev, émanait du Premier ministre néerlandais Ruud Lubbers, dont le pays fut l'un des premiers d'Europe occidentale à être occupé par la Wehrmacht en 1940... »

Ainsi, l'intérêt porté par le chancelier à cette visite avait été assez fort pour qu'il ose réveiller les souvenirs de l'invasion de l'Europe occidentale par les armées du IIIe Reich !

La visite de Helmut Kohl soulignait en effet une certitude politique : « La Russie sera toujours notre atout face aux exigences de l'Ouest. » Cette phrase qui dicte les relations du chancelier allemand avec Gorbatchev avait en effet été prononcée en 1922 par le comte Ulrich von Brockdorff-Rantzau, premier ambassadeur d'Allemagne en URSS et architecte d'un pacte germano-soviétique jusque-là banni de l'Histoire, le traité de Rapallo. Une référence aussi directe à un acte diplomatique considéré comme une « trahison » par les puissances victorieuses de la Première Guerre mondiale pouvait paraître surprenante, elle souligne l'importance, pour l'Allemagne, d'une séquence capitale dans le redressement de ce pays après la défaite de 1918.

L'Allemagne était sortie ruinée de la guerre. La charge des réparations auxquelles elle avait été condamnée, la confiscation de son arsenal et la réduction de son armée, l'avaient réduite à un rôle international passif. Elle demeurait cependant, pour les vainqueurs, un élément clé du « cordon sanitaire » qu'ils s'efforçaient d'établir autour de la Russie devenue soviétique. Alors gouvernée par le président Friedrich Ebert et le chancelier Philipp

Scheidemann, socialistes tous les deux, l'Allemagne venait de le démontrer en écrasant la révolution spartakiste qui, de la fin 1918 au printemps 1919, avait commencé d'enflammer le pays. Lénine avait d'ailleurs souligné ce point, pourtant marqué contre lui, en déclarant que « sans la prompte réaction de la social-démocratie allemande, rien n'aurait pu s'opposer » à ce que le bolchevisme recouvre l'Europe.

Les Alliés et notamment les Français souhaitaient donc engager l'Allemagne dans une politique de « sécurité collective » l'attachant à l'Ouest par des liens institutionnels. C'est au nom de cette doctrine que pendant huit ans, comme chef du gouvernement ou ministre des Affaires étrangères, Briand fixa la politique étrangère de la France sur une ligne qu'il résumera ainsi : « Les vingt-sept pays de la Société des Nations doivent [instituer] une sorte de lien fédéral qui établisse entre eux un régime de constante solidarité »... Ce pacte général approuvera « le principe de l'union morale européenne » rendant ainsi nécessaire l'institution « d'un mécanisme propre à assurer à l'union politique européenne les organes indispensables à l'accomplissement de sa tâche... ». Une réunion internationale fut donc organisée dans cette perspective, associant, sur un pied d'égalité, vainqueurs et vaincus de 1918. Elle avait été convoquée à l'initiative du Britannique Lloyd George et d'Aristide Briand qui en était le véritable instigateur, mais dont le gouvernement avait été renversé quatre mois avant l'ouverture des travaux.

Ceux-ci commencèrent le 10 avril 1922, à Gênes. La conférence avait un double objet : obtenir des Soviétiques qu'ils reconnaissent l'énorme dette contractée avant 1914 par la Russie auprès de l'Occident et qu'ils acceptent d'indemniser les investisseurs étrangers dont les usines avaient été confisquées par la révolution.

Les négociations butèrent très vite sur les positions soviétiques. Non seulement ils refusaient de verser aux Alliés les dix-huit milliards de roubles-or que ceux-ci leur réclamaient, mais ils exigeaient trente milliards de roubles d'indemnité pour les dommages causés par l'intervention occidentale dans la guerre civile russe !

Les Occidentaux discutèrent pendant un mois sans le moindre résultat et, le 16 avril 1922, apprirent, stupéfaits, qu'Allemands et Soviétiques venaient de conclure un pacte à Rapallo, petite ville balnéaire proche de Gênes. Il apparaissait qu'aux termes de cet accord, l'Allemagne et la Russie renonçaient aux dettes de guerre qu'ils pouvaient se devoir mutuellement.

La surprise passée, les Alliés découvrirent assez vite qu'il s'agissait d'une opération préparée de longue main.

Dès 1920, les milieux d'affaires allemands emmenés par Walter Rathenau, patron du trust AEG et futur ministre des Affaires étrangères entre 1921 et 1922, souhaitaient une alternative à la politique de coopération avec l'Ouest imposée par les traités. A cette fin il paraissait judicieux de reprendre un peu de liberté en constituant avec l'Est un ensemble économique concurrent de celui dans lequel l'Allemagne avait été intégrée, de plus ou moins bon gré. Walter Rathenau conçut ainsi le projet d'une sorte d'échange selon lequel l'Allemagne apporterait à la Russie une aide économique alors que celle-ci, en contrepartie, laisserait l'armée allemande renaissante s'entraîner sur le territoire russe, à l'abri des contrôles alliés. Contact fut pris en ce sens auprès de Trotski, alors commissaire à la Guerre. La direction soviétique hésita quelque peu mais se décida finalement et, huit mois plus tard, l'accord était signé... à Rapallo.

« La dissimulation est une imposture réfléchie » : en se rendant à la réunion prévue à Gênes, la délégation soviétique avait effectué secrètement un petit détour par Berlin. Mandatée par Lénine, elle avait rencontré le chancelier allemand Joseph Wirth, accompagné de Walter Rathenau. Après que les conditions de l'accord eurent été définitivement mises au point, Soviétiques et Allemands avaient pris séparément le chemin de l'Italie, en étant convenus de leurs rencontres secrètes entre le 10 et le 15 avril. Le 16, l'accord conclu pouvait être annoncé.

Berlin reconnaissait officiellement l'URSS et renonçait à revendiquer les entreprises allemandes de Russie nationalisées par les Soviétiques. Les deux Etats décidaient en outre d'appliquer dans leurs rapports économiques et commerciaux la « clause de la nation la plus favorisée », privilège que les Allemands auraient dû, selon les termes du traité de Versailles, réserver aux puissances occidentales. Enfin, après la chute du IIIe Reich, on apprendra avec stupeur la partie secrète des accords, portant sur les questions d'armement. Les ingénieurs allemands apportaient leur appui technique aux Soviétiques et ceux-ci, en contrepartie, autorisaient l'expérimentation sur leur territoire des armes interdites par le traité de Versailles et la formation du personnel destiné à les utiliser. De 1924 à 1933, plusieurs usines allemandes seront effectivement créées en URSS, les panzers s'entraîneront à Kama et la future Luftwaffe à Lipetsk. Revenu aux affaires, Stresemann utilisera les moyens ainsi mis à sa disposition pour tourner systématiquement les interdictions faites à l'Allemagne, alors que les achats des Soviétiques en acier allemand, mais aussi en textiles et produits chimiques atteindront, à la fin des années vingt, près de 30% des achats soviétiques à l'étranger, ce qui poussera d'ailleurs Anglais, Américains et Français à établir des relations normales avec le nouvel Etat soviétique pour conserver leurs positions dans ce domaine !

Le 12 octobre 1925, un accord complétant Rapallo était signé à Berlin, suivi le 24 avril 1926 par un traité d'amitié dont l'article 2 prévoyait la neutralité de l'un ou l'autre des signataires si son partenaire faisait l'objet d'une agression par une tierce puissance. Enfin l'Allemagne s'engageait à n'adhérer à aucune coalition ayant pour but de soumettre l'URSS à un boycottage économique et financier : ultime camouflet pour la France d'Aristide Briand qui venait de parrainer l'entrée de l'Allemagne à la Société des Nations et assistait, impuissante, à l'écroulement des accords de Locarno destinés à ancrer définitivement l'Allemagne à l'Ouest !

L'accord germano-soviétique de 1926 sera confirmé par un protocole ratifié par l'Allemagne le 5 mai 1933, cinq mois après l'arrivée au pouvoir de Hitler. Celui-ci gardait en effet plusieurs fers au feu, et le même qui, dans *Mein Kampf*, avait appelé les Allemands à reprendre la voie tracée jadis par les chevaliers Teutoniques, n'hésitait pas à citer Bismarck lorsque les temps changeaient : « Une paix durable avec la Russie est plus profitable à l'Allemagne qu'une politique menée par le fer et le feu... »

Il variera encore et les Soviétiques en feront l'expérience. Après que Ribbentrop eut signé avec Molotov, le 23 août 1939, le pacte germano-soviétique reprenant et prolongeant celui de 1933, l'attaque brutale de l'URSS par les armées allemandes, le 22 juin 1941, stupéfia les dirigeants soviétiques. Leurs troupes n'avaient-elles pas défilé en Pologne avec celles de l'Allemagne un an plus tôt à Brest-Litovsk ! Ils avaient seulement oublié le réalisme impitoyable hérité précisément de Bismarck. L'Allemagne avait réussi – pour un temps – à remodeler notre continent.

Dieu sait que tout le contexte européen a changé. L'Allemagne a conquis la stabilité d'une démocratie et rejeté la politique du fer et du feu, source de tant de malheurs, mais précisément, il lui faut maintenir des positions d'équilibre propres à garantir son indépendance, sa souveraineté et la stabilité économique dont elle sait combien la perte lui a coûté dans le passé. Elle y veille sans doute davantage que tout autre Etat européen, mais elle ne s'interdit certainement pas, précisément dans la politique d'alliances et de paix qu'elle conduit, d'intensifier ses relations avec l'Est à un moment où la montée en puissance de l'Asie déplace les relations de pouvoir vers cette partie du monde.

Et la Russie sait l'importance, pour elle, de ces convergences renouvelées.

L'engagement massif de Siemens dans le développement de l'industrie atomique russe consécutif à son retrait d'Areva n'est certainement pas une bonne nouvelle pour le champion français mais on peut y voir le signe d'un basculement significatif de l'intérêt allemand. Surtout si on le relie à la décision prise à Berlin de bloquer le projet européen de pipe-line dit Nabucco, concurrent direct de celui qui doit relier directement la Russie à l'Allemagne. Le tropisme oriental traditionnel de l'Allemagne s'applique aussi à l'*hinterland* et le sauvetage des banques des pays de l'Est, nouveaux adhérents à l'Union européenne, ne lui a, semble-t-il, guère posé de problèmes. L'infléchissement d'une diplomatie au service d'une industrie sur laquelle est bâtie sa force ne manquera pas d'avoir, n'en doutons pas, bien d'autres conséquences. Or elles rejoignent une nécessité symétrique russe d'équilibre politique car dans la mesure même où la Russie intensifie ses relations avec la Chine, elle sait qu'elle doit, parallèlement, maintenir et renforcer celles qui la lient aux puissances du Centre et de l'Ouest européen, soit en premier lieu à l'Allemagne.

La longue mémoire chinoise

Lors de la réapparition récente de la Chine dans les relations internationales après la chute du communisme soviétique, les Occidentaux semblent n'avoir vu trop souvent que l'ouverture de nouveaux marchés et une ressource quasi illimitée de travail à bas coût. Le qualificatif « émergent » pris dans un sens générique paraît d'ailleurs révélateur, en lui-même, d'une méconnaissance inquiétante de la civilisation et de l'histoire d'un empire bimillénaire.

Il est vrai que celui-ci était resté longtemps largement ignoré – hormis des Espagnols, des Anglais, des Jésuites, des intellectuels, des explorateurs, des marchands des comptoirs et des corps expéditionnaires. En dehors de Macao, cédé aux Portugais en 1536 pour les remercier d'avoir aidé à lutter contre les pirates qui infestaient les côtes voisines, Canton fut alors le seul port ouvert à ceux que les Chinois considéraient comme des « barbares ». Leur présence et leurs droits y étaient d'ailleurs étroitement déterminés par des règlements impériaux et trois siècles plus tard, en 1836, on ne comptait encore à Canton que trois cent sept Occidentaux – en majorité Britanniques en raison du voisinage de l'Inde – quarante-quatre Américains et un Français.

Il ne semble pas que les Etats-Unis se soient vraiment intéressés à la Chine auparavant. Sans doute certains aiment-ils à rappeler que les relations maritimes entre les deux pays ont été constantes pendant tout le XIXe siècle, mais le fait que cet intérêt ait été lié, au moins en partie, aux intérêts de la famille de Franklin Roosevelt dans le commerce de l'opium, n'était guère favorable à leur célébration. En fait si les Américains avaient volontiers utilisé la main-d'œuvre chinoise pour la construction de la ligne de chemin de fer transcontinentale reliant l'Atlantique au Pacifique, ils ne souhaitaient aucunement accueillir cette population en nombre. La première loi interdisant l'immigration d'un groupe national fut d'ailleurs adoptée au début des années 1880 afin de faire obstacle à l'installation de Chinois sur le sol américain. Cette attention mêlée de méfiance a perduré jusqu'à la fin du XXe siècle, nourrie de la filiation chinoise à la révolution marxiste-léniniste.

D'autant que l'empire de Chine s'affaiblit au moment même où naissait à l'Ouest la révolution industrielle. Les deux guerres de l'opium assorties en corollaire des « traités inégaux » imposés à la Chine, puis la guerre sino-japonaise conduisirent alors à l'agonie un empire délabré. Les Américains n'avaient pas suivi l'expédition militaire anglo-française dans la seconde guerre de l'opium, mais ils participèrent avec la Grande-Bretagne, la France, l'Allemagne et la Russie au « dépeçage » final par lequel les cinq puissances obtenaient des concessions territoriales et le droit à des bases navales ainsi que des avantages commerciaux et industriels dans leurs zones d'influence. Ignorance ou désinvolture, nous avons oublié nos responsabilités dans ces événements et jetons un voile pudique sur leurs conséquences.

Les Chinois, eux, n'oublient rien et c'est une faute que de ne pas avoir de mémoire lorsque l'on prétend entretenir avec ce grand pays des rapports convenables. Il y a quelque paradoxe à rappeler avec tant de hauteur l'exigence du respect des droits de l'homme lorsque l'on s'adresse à un peuple auquel on a déclaré deux fois la guerre pour lui imposer, par pur mercantilisme, l'achat de l'opium cultivé en Inde. Il faut une sérieuse dose d'amnésie pour oublier comment nous nous sommes servis, à la suite des Anglais, en comptoirs, en territoires et en rapines. Nous devrions plutôt – la pudeur pouvant parfois suppléer les regrets – relire quelques phrases de la lettre écrite par Victor Hugo en réponse au capitaine Butler le 25 novembre 1851 :

« Il y avait, dans un coin du monde, une merveille du monde ; cette merveille s'appelait le Palais d'été. L'art a deux principes, l'Idée qui produit l'art européen et la Chimère qui produit l'art oriental. Le Palais d'été était à l'art chimérique ce que le Parthénon est à l'art idéal… Cet édifice qui avait l'énormité d'une ville avait été bâti par les siècles. Pour qui? Pour les peuples. Car ce que fait le temps appartient à l'homme. Les artistes, les poètes, les philosophes connaissaient le Palais d'été; Voltaire en parle. On disait le Parthénon en Grèce, les Pyramides en Egypte, le Colisée à Rome, Notre-Dame à Paris, le Palais d'été en Orient. Si on ne le voyait pas, on en rêvait.

« Cette merveille a disparu.

« Un jour deux bandits sont entrés dans le Palais d'été. L'un a pillé, l'autre a incendié. La victoire peut être une voleuse à ce qu'il paraît. Une dévastation en grand du Palais d'été s'est faite de compte à demi entre les deux vainqueurs… Grand exploit, bonne aubaine. L'un des deux vainqueurs a rempli ses poches, ce que voyant l'autre a rempli ses coffres; et l'on est revenu en Europe, bras dessus, bras dessous, en riant.

« Nous, les Européens sommes les civilisés, et pour nous, les Chinois sont des barbares. Voilà ce que la civilisation a fait à la barbarie… Mais les crimes de ceux qui mènent ne sont pas la faute de ceux qui sont menés; les gouvernements sont quelquefois des bandits, les peuples, jamais. »

Le général de Gaulle, lui, avait de la mémoire. La décision de reprendre avec la Chine, en 1964, des relations diplomatiques suspendues depuis la révolution de 1949, sans qu'aucune concession ne soit faite par la France au gouvernement de Pékin, en fut le témoignage souvent évoqué depuis par les dirigeants chinois. Il est vrai qu'à l'époque la diplomatie ne se confondait pas avec les affaires.

Sept Etats occidentaux avaient certes maintenu leurs relations avec le nouveau régime communiste au pouvoir à Pékin à partir de 1949 et le Royaume-Uni avait nommé un chargé d'affaires en 1950, mais il n'avait pas sacrifié son consulat à Taipei, ce qui faisait obstacle à tout échange d'ambassadeurs. Dans ce contexte, celui d'un monde encore divisé en deux blocs inconciliables, la décision prise par le général de Gaulle était d'une singulière audace.

L'annonce en fut d'une grande sobriété, un bref communiqué publié simultanément le 27 janvier 1964 à Paris et à Pékin, mais la charge symbolique de la reconnaissance de la République populaire de Chine par la France fut considérable.

Le président français en commenta lui-même le sens et la portée quelques jours plus tard. C'était avec la « Chine de toujours » qu'il entendait établir des « relations régulières » et faire en sorte que celles-ci soient placées « sur un plan normal, autrement dit diplomatique ». La décision relevait ainsi des principes essentiels de la politique étrangère gaullienne. La reconnaissance de la Chine n'impliquait évidemment « rien qui comporte la moindre approbation à l'égard du système politique » dominant alors ce pays, mais elle signifiait le retour d'une France restaurée sur la scène internationale, notamment en Asie, et le Général savait qu'elle s'imposerait « comme un événement capital sur le plan mondial ». Cet acte relevait d'un constat, du « poids de l'évidence et de la raison », de la reconnaissance « du monde tel qu'il est », d'une foi dans les peuples et de la conviction que, tôt ou tard, certains gouvernements, qui se réservaient encore, jugeraient bon de suivre l'exemple de la France. Le Général voulait croire dans les peuples, certain que l'intensification des rapports entre eux se révélerait toujours nécessaire à « la cause des hommes, c'est-à-dire de la sagesse, du progrès et de la paix ».

Si l'importance d'une décision se mesure aux réactions qu'elle suscite, celle-ci fut retentissante. Aux Etats-Unis, la décision de la France fit scandale. Elle était de nature à « nuire aux intérêts du monde occidental » et trahissait pour les Américains la solidarité due à un fidèle allié. Il fallut attendre les défaites de la guerre du Vietnam et l'élection de Richard Nixon en 1968 pour que celui-ci, fidèle admirateur du général de Gaulle, conduise la diplomatie américaine vers la reconnaissance de la Chine populaire par les Etats-Unis. D'autres Etats suivront mais, pour la Chine, l'ouverture vers la France fut le début d'une évolution mettant fin à l'isolement diplomatique du pays. Par sa trajectoire personnelle, comme par son action, le général de Gaulle a incarné, aux yeux des Chinois, les idéaux de la Révolution française et, au-delà, la compréhension par la France des aspirations des peuples du monde. Plaise au ciel que, dans notre ignorance de tout ce qui n'est pas mercantile, nous en ayons au moins vaguement conscience.

Avant Nixon, les Etats-Unis s'étaient cependant résignés, malgré leurs réticences, à établir une coopération limitée avec la République populaire de Chine en raison de leurs engagements multiples dans la zone Pacifique, mais les évènements de Tianan men interrompirent toute discussion militaire bilatérale. Elu à la présidence des Etats-Unis au début des années quatre-vingt-dix, alors que l'ancien Empire soviétique sombrait, Bill Clinton entreprit de les reprendre, caressant même le rêve d'une sorte de partenariat stratégique. Il apporta grand soin à des relations diplomatiques couronnées par la visite de Jiang Zemin aux Etats-Unis et son voyage personnel en Chine, en 1998. Il en vint même à déclarer, en la circonstance, que les Etats-Unis ne soutenaient ni l'indépendance de Taiwan ni la solution des « deux Chine » qui en était le corollaire. Il allait entrebâiller, dans le même temps, la porte de l'Organisation mondiale du commerce à son nouveau partenaire, mais le bombardement de l'ambassade de Chine à Belgrade lors de la guerre du Kosovo rafraîchit à nouveau brutalement les relations sino-américaines… malgré les excuses publiques du président américain.

En fait, la Chine ne croyait guère à l'indifférence américaine en ce qui concernait Taiwan, notamment après la crise des missiles de 1996. Surtout elle supportait mal le partenariat des Etats-Unis avec le Japon, puissance vaincue devenue alliée, troisième acteur économique du monde et base stratégique indispensable à la mission de sécurité que les Américains se sont fixée depuis la Seconde Guerre mondiale à l'égard du monde entier et spécialement du Pacifique. Dans le même temps, les industries américaines ne résistaient pas à la tentation d'utiliser les ouvriers chinois comme l'avait été la main-d'œuvre fordiste à la fin du XIXe siècle. C'était négliger le passé et la réalité : à court terme le grave danger des délocalisations et à moyen terme celui d'une extraordinaire montée en puissance chinoise dans tous les domaines, y compris militaires et technologiques. Jusqu'à tout récemment cependant, la certitude de leur indiscutable domination écartait pour les Etats-Unis l'éventualité que l'on puisse même douter de sa pérennité. Cette relative indifférence convenait d'ailleurs assez bien à la Chine, silencieusement engagée dans ces transformations invisibles dont elle a le secret.

La décomposition de l'URSS qui suivit la chute du Mur aurait dû, dans la logique occidentale, entraîner le désordre et la décomposition de tout Etat communiste, à court ou moyen terme. Or cette décomposition n'eut pas lieu et l'Etat chinois poursuivit sa marche vers la puissance, toujours conduit par un parti communiste unique de

75 millions de membres comptant 3 700 000 cellules de base. Héritier d'une continuité historique, le Parti se confond, au moins pour ses instances dirigeantes, avec celles de l'Etat. Le président du Parti communiste chinois est en même temps celui de la République populaire de Chine et le président des affaires militaires du comité central celui de la commission centrale de l'Etat chinois. Le Premier ministre est en même temps l'un des neuf membres du comité permanent du bureau politique, et parmi ces « neuf saints » se trouvent le président de la République, le président de l'Assemblée nationale populaire et celui de la Conférence consultative du peuple chinois où siègent encore des membres des divers partis non communistes subsistant – théoriquement – en Chine. Le Parti détient ainsi le pouvoir politique, le contrôle de l'Etat et le fonctionnement du gouvernement.

Le troisième plénum du 11e Congrès, en 1978, a fixé deux éléments fondamentaux de la politique du Parti : la réaffirmation dans le préambule de la Constitution chinoise du rôle dirigeant du parti communiste ; l'ouverture et la réforme de l'économie. Ce sont encore aujourd'hui les bases auxquelles il se tient.

Il y a loin de la révolution de Mao à celle de Deng et les Chinois ont vécu bien des retournements. Il n'en demeure pas moins que si la légitimité idéologique du Parti et sa légitimité au pouvoir ont connu des formulations fort variables, elles n'ont jamais cessé d'être d'une importance essentielle pour les dirigeants chinois.

Du temps de Mao, le Parti représentait l'avant-garde du prolétariat dans la « lutte des classes ». Après la « Révolution culturelle », il trouva sa justification dans la « théorie de Deng Xiaoping pour la construction du socialisme à la couleur de la Chine » soit, dans sa formulation actuelle, « l'édification de l'économie socialiste de marché à la chinoise ». Par la suite, lorsque Jiang Zemin succéda à Deng Xiaoping alors que l'Union soviétique s'était écroulée et que le socialisme de l'Est avait disparu, le nouveau président promut la théorie des trois représentativités : « Le Parti communiste chinois a toujours représenté le développement des forces productives dans l'histoire chinoise; il a toujours été le représentant des intérêts des grandes masses chinoises; il a toujours porté le développement de la culture et de la civilisation en Chine. »

Simon Leys, sollicité de donner son avis sur le Parti communiste chinois, répondit un jour que personne autre qu'un Chinois ne pouvait sans doute le comprendre vraiment et renvoya aux *Histoires du juge Ti* qui narrent les aventures de ce personnage dans l'empire de Chine. « Lisez les histoires du juge Ti et remplacez, dans la description du monde de l'époque Tang, l'empereur par le Parti et le juge par les représentants provinciaux du Parti, vous aurez une image assez exacte de la situation actuelle. » Il ajoutait : « Vous comprendrez peut-être mieux aussi la différence entre le communisme soviétique et le communisme chinois. Dans celui-ci le peuple est “partenaire” du pouvoir, comme il l’était lors des audiences du juge Ti et ce, même dans les temps d’affrontements internes. Dans le communisme russe, le peuple était “objet” du pouvoir, le régime restant, lui aussi, marqué par son histoire. »

Les Occidentaux peuvent sourire. Mais au-delà des efforts sémantiques, le Parti tient à rappeler sa filiation historique par des actes symboliques car il en sait l’importance. L’initiative en revient à Deng Xiaoping, qui sut initier l’évolution de la Chine conduisant à la situation actuelle. Lorsqu’il transmit le pouvoir à Jiang Zemin après Tianan men, il déclara en effet que Mao Zedong était le noyau de la première génération, que lui-même était celui de la deuxième et que Jiang Zemin serait celui de la troisième. Il annonçait même le successeur, Hu Jintao, homme de la quatrième génération et le nom du futur dirigeant de la cinquième est déjà connu. Dynastie pouvant paraître artificielle à nos yeux, sans doute, mais rappelant le temps des « mandats du ciel » et perpétuant ainsi sur la Chine un règne né cependant beaucoup plus récemment d’une victoire militaire, après vingt-cinq ans de luttes.

Les Occidentaux veulent toujours considérer que le processus de sortie du communisme est à l’œuvre et que toute société plongée dans un monde global se convertira nécessairement à la démocratie. Est-ce si sûr? La chute du communisme et la sortie du monde bipolaire ont donné toute sa force à la primauté de l'économie et, par voie de conséquence, déchaîné un capitalisme qui trouve son domaine d'accomplissement dans le mondialisme. Il en résulte l'apparition de forces nouvelles qui tendent à altérer gravement le cadre même de l'Etat, sa substance, sa nature politique, les relations entre les citoyens et le gouvernement, la finalité éthique qui constituait encore, au moins dans son principe, la morale politique.

Le postulat du libéralisme était de permettre la synthèse entre la liberté des individus et la cohérence des collectivités humaines. Cette synthèse devient impossible dès lors que le capitalisme introduit dans les sociétés un individualisme radical. La liberté ne lie plus les hommes, au contraire, elle les divise, les oppose, les rend étrangers les uns aux autres et même adversaires. Elle détruit la finalité de destin commun dans une société, de ce « bien commun » dont la quête donne son sens, au moins terrestre, à toute collectivité humaine.

Dès lors, la liberté politique peut-elle se passer de la matrice dans laquelle elle a grandi? Il n'existe pas, dans l'Histoire, de pouvoir politique qui ne soit lié au divin, au cosmique parfois, à une forme de transcendance presque toujours. L'Etat chinois, qui n'a jamais été un Etat religieux ne peut-il trouver dans une idéologie incarnée par le Parti un élément de cette sorte, une forme contemporaine de cette dimension verticale qui assura la pérennité de l'ancien empire et maintint l'unité chinoise pendant plus de deux mille ans ?

Le parti communiste ne couvre pas tous les secteurs d'activité en Chine. La réforme destinée à conduire à « l'économie socialiste de marché » a ouvert un espace de plus en plus important au secteur privé et le marché décide du prix de biens, de produits et de services autrefois fixés par l'Etat. En revanche, le Parti ne cède rien de ce qui concerne le pouvoir et d'ailleurs s'efforce, depuis le 17ᵉ Congrès, il y a deux ans, de reprendre un certain contrôle sur des secteurs de l'économie dans lesquels l'évolution récente avait dilué son rôle. Il contrôle le comité des actifs de l'Etat, qui regroupe les grands groupes industriels chinois. Les banques chinoises sont des banques d'Etat, de sorte que lorsque des règles de prudence sont fixées, telle l'interdiction de participer aux marchés des produits dérivés, le respect en est parfaitement assuré. L'économie chinoise est une économie mixte contrôlée et orientée, alors que tout dans ce pays est gigantesque puisque 22 ou 23 % des humains sont chinois, vivant sur le plus vaste des territoires, dont seulement 6 % sont cultivables. Cette population place au premier plan, pour le pouvoir qui en a la charge, la question de la subsistance, mais dans ce domaine comme dans tous, il a gardé une mémoire séculaire.

Lorsque nous ironisons sur les efforts déployés

par l'Etat chinois pour le développement d'un marché intérieur nécessaire à l'équilibre social, peut-être devrions-nous, comme pour tous les problèmes de cet Etat-continent, songer aux références données par le passé et au point de développement auquel était parvenu, dans certains domaines, l'empire avant sa chute.

Un exemple ? Les économistes curieux de l'histoire globale s'attachent à nous décrire les moyens par lesquels les empereurs chinois et leurs bureaucraties – les plus importantes et les plus sophistiquées au monde avant 1800 – avaient alors réussi le développement d'une économie commerciale capable de soutenir une paysannerie prospère, engagée dans une production agricole et artisanale destinée à la consommation tant des villages avoisinants que des territoires urbains et ruraux plus distants. Les fonctionnaires impériaux avaient la charge de promouvoir une économie agraire évoluant en fonction d'une population croissante. Ils veillaient à l'établissement des réserves de grain, base de la sécurité dans la société et donc de la stabilité politique, et ils en régulaient le marché, encourageant la diffusion des meilleures techniques, s'efforçant de développer à la fois des cultures de rente et l'artisanat. Ils développaient la production et la circulation des biens à l'intérieur de certaines portions de l'Empire plutôt que dans son ensemble, assurant la stabilisation de l'économie locale. Cette politique d'équilibre impliquait le contrôle de l'eau, domaine dans lequel l'expérience chinoise était déjà millénaire, tant pour son transport que pour l'irrigation et la prévention des inondations et l'expansion de la riziculture. Les fonctionnaires chinois encourageaient aussi les techniques de l'artisanat, et plus généralement, l'on peut dire que les fonctionnaires chinois considéraient la collecte et l'encouragement du savoir agricole comme faisant partie de leur vocation. L'éventail des situations économiques était ainsi très varié, allant des économies de petite échelle autosuffisantes, à une économie complexe, à grande échelle, qui devait être surveillée, voire contrôlée par l'Etat pour le maintien de la stabilité sociale.

La logique de développement permettait d'assurer une stabilité des compétences productives. L'Etat impérial possédait ainsi, à la fin du XVIIIe siècle, une tradition sophistiquée d'options permettant de choisir des politiques actives et interventionnistes ou de se contenter de surveiller les efforts du secteur privé.

On sait les avatars de l'économie chinoise au XIXe siècle, puis l'emprise d'une industrie lourde de style soviétique après l'établissement de la République populaire en 1949. Les entreprises privées existantes dirigées par des capitalistes chinois passèrent peu à peu sous le contrôle de l'Etat alors que les entrepreneurs étrangers quittaient le pays. A partir des années cinquante, l'économie tomba sous le contrôle du gouvernement central et les questions de réforme économique relevèrent de l'autorité du Parti, à l'échelon central, provincial ou local. Le changement vers une industrialisation planifiée marqua une nette cassure avec le passé pour des raisons tenant aux besoins militaires nouvellement conçus. Pour des raisons idéologiques, la rupture fut tout aussi vive dans l'organisation économique du milieu rural où les industries artisanales et les marchés locaux furent démantelés. Cette disparition des marchés eut pour conséquence de transférer les relations entre les différentes régions à une régulation politique et non plus économique. Mais tout changea de nouveau lorsque le gouvernement adopta, en 1978, des mesures permettant le développement de l'économie rurale en dehors de l'économie planifiée. Pendant près de quinze ans, des taux de croissance phénoménaux de près de 10 % par an furent obtenus par le développement d'industries légères produisant des biens de consommation destinés à la vente sur les marchés. Pour la plupart, ces industries n'appartenaient pas à l'Etat ni à des individus mais portaient l'étiquette de l'économie collective. L'industrie rurale de marché fut ainsi en mesure de combler les besoins devenus importants en produits relevant de l'industrie légère et l'on constata que la répartition des industries rurales actuelles reconstituées reproduisait en grande partie le schéma de l'industrie artisanale rurale du XVIIIe siècle [1].

Les défis sont aujourd'hui infiniment plus redou-

1. Roy Bin Wong, in *Histoire globale, mondialisation et capitalisme*, La Découverte, 2009.

tables pour de multiples raisons, ne serait-ce que parce que la Chine est devenue l'atelier du monde et que sa population n'a peut-être pas encore cessé de croître. Les éléments nouveaux ne cachent cependant pas l'importance de modes ancestraux de régulation économique ayant contribué à rendre possible l'extrême longévité d'un système politique, et à créer le contexte de l'industrialisation dans l'ère de la réforme ouvrant sur des possibilités de développement économique ultérieur.

Le réveil eurasiatique

Nul ne sait vraiment quel est l'avenir de la Chine, mais il nous faut prendre conscience qu'elle a quelques revanches à prendre, même si elle ne l'affiche pas bruyamment. Surtout elle ne veut plus être à nouveau dominée et Pékin déclare officiellement vouloir servir « les intérêts vitaux de la nation ». L'accès à des espaces lui assurant des ressources énergétiques et la nourriture nécessaire aux besoins alimentaires d'une population de près d'un milliard et demi d'êtres humains est précisément une nécessité vitale. Les « intérêts vitaux » pour la Chine consistent aussi à se mettre hors d'atteinte, et donc à être la plus forte, dans tous les domaines de la puissance, tels les armes, le nucléaire, l'espace, les technologies les plus sophistiquées.

La Chine est toujours un empire et veut être souveraine. La Russie de l'aigle à deux têtes aussi. Chacune d'entre elles organise à cette fin ses forces et sa diplomatie. Il arrive même qu'elles le fassent ensemble après guerres et réconciliations. Le redressement économique russe y contribue, les transferts technologiques de l'une à l'autre également. Les ventes de matériel militaire russe à la Chine sont d'importance croissante, qu'il s'agisse de bombardiers, de missiles ou de sous-marins et portent sur des techniques de plus en plus évoluées. De nombreux ingénieurs russes ont travaillé dans les centres de recherche chinois et l'on a même noté le transfert d'usines d'armement entières.

Les facteurs de rapprochement entre ces puissances sont nombreux mais le plus fondamental tient à la nature politique de leurs régimes malgré la grande différence des formes qu'ils revêtent. Les deux Etats sont en effet profondément attachés à la notion de souveraineté nationale. Or ils ne considèrent pas que l'Occident leur marque, à cet égard, le respect nécessaire. Ils en notent le signe non seulement à Taiwan ou en Tchétchénie, mais dans les pays européens voisins de la Russie, même si l'on semble pouvoir noter un léger infléchissement sur ce dernier point. Ainsi, alors que le Kazakhstan devenu indépendant pouvait constituer une zone « tampon » pour la Chine, son adhésion au « Partenariat pour la paix » de l'Otan, en 1994, risque naturellement de conduire ce pays non seulement à une coopération économique mais à des opérations militaires directes. Plus gravement, elle étend naturellement la zone d'influence de l'Otan au voisinage immédiat de la

Chine alors que rien ne le justifie territorialement, le Kazakhstan ne se situant pas précisément à proximité de l'Atlantique Nord.

En clair, ni la Chine ni la Russie n'admettent que les Etats-Unis prétendent à une hégémonie mondiale sans se soucier de l'incidence de leurs décisions sur les intérêts russes ou chinois et ils considèrent inacceptable que leur autorité internationale puisse ainsi être bafouée, en dehors de tout contrôle onusien, comme ce fut le cas lors de l'intervention militaire au Kosovo ou de la crise du Golfe.

Les extensions jugées inconsidérées de la zone d'influence américaine sous couvert de l'Otan ou le renforcement des accords de sécurité avec le Japon suscitent chez eux une opposition radicale. C'est une raison puissante de rapprochement stratégique entre les deux Etats. Le président Poutine, qui avait proposé des consultations régulières entre le Conseil de sécurité russe et la Commission militaire centrale chinoise, déclarait publiquement au président Jiang Zemin, en septembre 1999 : « Le gouvernement russe considère que dans la situation internationale présente, la Russie devrait établir avec la Chine un partenariat stratégique dans tous les domaines. » La conclusion du traité signé le 16 juillet 2001 à Moscou par Jiang Zemin et Vladimir Poutine répond à ce vœu.

Il fait suite à une série de rencontres sino-russes initiées en 1985 lorsque Gorbatchev eut engagé une normalisation des relations entre les deux

Etats afin de mettre ouvertement fin à la brouille intervenue trente ans plus tôt. Une « déclaration commune sur les nouvelles bases du dialogue sino-russe » signée à la fin de l'année 1992 officialisait des relations nouvelles « tournées vers l'avenir » et ce « partenariat constructif » était, quatre ans plus tard, étendu aux affaires internationales et stratégiques. Le « Traité de bon voisinage, d'amitié et de coopération » adopté en 2001 a voulu jeter « pour vingt ans » la base affichée d'une solidarité renforcée. Il n'est dirigé contre aucun autre Etat, comme il est convenable de l'affirmer, mais vise à créer « un nouvel ordre international ». Cet « ordre nouveau » impose le strict respect des lois et conventions internationales, s'oppose à toute ingérence dans les affaires intérieures des Etats et implique naturellement que tous les conflits soient réglés pacifiquement. Plus spécifiquement, la Russie reconnaît la Chine populaire et elle seule comme autorité représentant l'ensemble des peuples chinois. Taiwan fait partie intégrante de la Chine. Les deux parties s'entendent pour dénoncer la démarche américaine relative à la défense antimissiles et à l'abrogation du traité de 1972. Enfin, leur coopération militaire est renforcée bien que le traité ne constitue pas à proprement parler une alliance militaire. Pour le président Jiang Zemin, « cet accord renforcera la stabilité mondiale, construira un monde multipolaire, établira un ordre international rationnel et juste ». Ce à quoi répond Vladimir Poutine :

« L'accord aura des effets positifs ; il s'oppose à l'extension de l'Otan. » Les précédents traités sino-russes étaient issus de la crainte inspirée par l'impérialisme japonais, celui de 2001 relève d'une semblable inspiration, mais fondée cette fois sur l'hostilité à un impérialisme américain trop longtemps supporté.

Croyant que le communisme constituait l'obstacle majeur à un partage des rôles, les Etats-Unis ont sans doute rêvé d'une stabilité régionale exercée conjointement avec la Chine. Ils vont devoir admettre la réalité d'un obstacle autrement plus profond. La Chine aspire à une stabilité régionale organisée par elle autour d'elle seule. Les signes de cette rivalité d'influence sont d'ailleurs patents tant dans les récents exercices militaires conjoints Etats-Unis Corée du Sud que dans la querelle pétrolière en mer de Chine du Sud. La secrétaire d'Etat américain Hillary Clinton qualifie en substance les revendications chinoises d'illégitimes et les Etats-Unis montrent leurs muscles. La Chine rappelle que la mer de Chine du Sud fait partie de ses « intérêts vitaux » et un haut-responsable chinois laisse tomber : « Gardons une vision stratégique, le temps est de notre côté. » De la même manière, en Europe, la Russie ne veut pas être brimée dans son étranger proche et le manifeste notamment dans le sud du Caucase. Ce sont de bonnes raisons pour que toutes les deux songent à coupler leurs efforts et leurs diplomaties... au moins pour un temps.

Afin de souligner qu'elles cherchent à éliminer entre elles les sources de problèmes, les deux puissances ont, d'autre part, signé un accord réglant le conflit qui les opposait depuis le milieu du XIXe siècle sur le tracé de leurs 4 300 kilomètres de frontières communes. Vladimir Poutine put alors déclarer : « C'est la première fois dans l'histoire sino-russe que la totalité des frontières communes est légalement définie. » Enfin les deux Etats se retrouvent ensemble – peut-être est-ce le plus important – dans l'Organisation de coopération de Shanghai créée officiellement en juin 2001.

La gestation en avait été engagée cinq ans plus tôt, dans cette ville, lors d'une réunion des chefs d'Etat de Russie, Chine, Tadjikistan et Kirghistan. L'organisation se voue aux questions politiques et économiques, les questions militaires en étant formellement exclues, mais il arrive que celles-ci soient évoquées entre les mêmes partenaires et de façon conjointe, au moins dans le temps. Tel était le cas lors du septième sommet de l'OCS tenu le 16 août 2007 à Bishkek, alors que venaient de s'y dérouler aussi, entre le 7 et le 11 du même mois, les manœuvres militaires dénommées « Mission de la paix 2007 » réunissant des forces russes et chinoises. Vladimir Poutine rappelait alors la finalité économique et politique de l'OCS tandis que le chef d'état-major de l'armée russe précisait l'objet de ces manœuvres, soit « renforcer la coopération dans l'OCS afin de combattre les menaces sur la sécurité ». Il faisait alors allusion au terrorisme, à l'extrémisme islamiste, au séparatisme et à la prolifération des armes de destruction massive. Pour sa part, le président Hu Jintao soulignait que la « mission pour la paix » avait été un réel succès. Quatre jours plus tard, les participants au sommet de l'Organisation de Coopération de Shanghai signaient une déclaration plaidant pour que soit fondée « une architecture moderne de sécurité internationale et un ordre mondial démocratique et équitable ». Etaient présents aussi l'Ouzbékistan, membre de l'OCS, l'Iran, la Mongolie et le Pakistan comme observateurs. Ces pays occupent les trois cinquièmes de la surface de l'Eurasie et leurs habitants constituent un quart de la population mondiale.

Fantaisie du hasard, au même moment, les banquiers européens et américains se préparaient à déverser des milliards de dollars dans leurs systèmes financiers. La « crise » allait s'étendre au monde entier. Elle a frappé la Russie et la Chine comme les autres pays, et très brutalement pour la Russie à partir des mois de septembre et octobre 2008; elle y fut plus violente qu'en Europe continentale et aux Etats-Unis, mais elle fut aussi plus brève. Et la Russie retrouve déjà la croissance, même si elle est soumise à bien d'autres fragilités que celles de la Chine dont la montée en puissance est spectaculaire.

Les dirigeants chinois durent sans doute intérieurement sourire lorsque, les 24 et 25 octobre

2008, ils reçurent la visite des quarante-trois chefs d'Etat ou de gouvernement venus, lors de la rencontre Asie-Europe, chercher à Pékin comment porter remède à la tourmente financière. Nul doute qu'ils goûtèrent des moments délicieux lorsque les conquérants qui s'étaient hier ouvert le marché chinois à coups de canon, vinrent solliciter la Chine afin qu'elle veuille bien porter secours à leurs économies à la dérive... Et plus encore en entendant M. José Manuel Barroso, président de la Commission européenne, exprimer « l'espoir que la Chine pourra apporter une importante contribution à la solution de la crise financière ». Imperturbable, le vice-gouverneur de la Banque centrale de Chine, M. Yi Gang, déclara à l'agence Reuter en forme de réponse : « Nous participerons activement au sauvetage – des victimes – de la crise financière internationale. » Les imposantes réserves de la Chine en milliards de dollars lui offrent une place en majesté dans l'économie mondiale.

Ce n'est pas tant le monde qui change, ce sont les lieux du pouvoir qui se déplacent. Bien au-delà de la crise américaine des crédits immobiliers, de la hausse mondiale des prix à la consommation, de la fuite des capitaux et des difficultés bancaires, c'est l'affrontement de deux énormes potentiels de production qui décide du bouleversement durable de l'économie et de la puissance mondiale.

Les chocs entre deux mondes, les Etats anciennement industrialisés d'un côté, la Chine et l'Inde de l'autre, sont d'autant plus violents que la globalisation des échanges et le règne des marchés proscrivent tout protectionnisme. Chacun des deux peut donc tenter d'imposer sa politique à l'autre et nous découvrons aujourd'hui que l'inégalité des coûts du travail va engendrer, au moins pour quelques décennies, un déplacement massif des lieux de production, que la « reprise » tant attendue sera freinée par le chômage, que le coût social risque d'en être lourd et durable. Les puissances asiatiques rejoignent à grands pas l'Occident, le dépassent même dans nombre de domaines et des plus importants, réunissant à elles deux près de 1,5 milliard de travailleurs et d'actifs, soit autant que ceux ayant jusqu'à maintenant satisfait aux besoins en équipements de l'humanité tout entière.

« Vous montez, madame, je descends... » Tel était l'aveu orgueilleux de Mme de Montespan dont l'étoile pâlissait à Mme de Maintenon un jour qu'elles se croisaient dans le grand escalier du parc de Versailles. Ayons, nous aussi, le courage de la lucidité et battons-nous. Prenons garde que notre suffisance et notre aveuglement ne nous conduisent à nous laisser distancer dans l'éternelle confrontation des civilisations. Il serait présomptueux de ne pas prendre la mesure de l'immense richesse intellectuelle de l'Asie et son expérience millénaire.

Il faut s'attendre à bien du nouveau à l'Est. Nous vivons un formidable basculement au cours duquel nombre de puissances d'hier et d'aujourd'hui s'effaceront si leurs dirigeants ne savent choisir leur voie et user des atouts dont ils disposent. Le nier constituerait la pire des impostures.

En guise d'épilogue

Mon seul adversaire, celui de la France, n'a jamais cessé d'être l'argent.

Charles de Gaulle, cité dans *Les chênes qu'on abat…* d'André Malraux.

La politique française, qui tourne autour de l'élection présidentielle, la dernière ou plus encore la suivante, est maintenant tombée tout entière dans les compétitions et les combinaisons des partis. Il n'y a rien là de très étonnant et les deux phénomènes sont naturellement liés puisque le président de la République est devenu, depuis vingt ans, un chef de parti ou d'une coalition de partis, qu'il émane donc lui-même de ces combinaisons, que sa candidature les nourrit, qu'il en porte, en quelque sorte, les infirmités et les faiblesses au sommet. On a prétendu que telle était la finalité de la Constitution. C'est inexact, la Constitution n'y conduit pas et si le Général reconnaissait aux partis un rôle indispensable, il condamnait le « régime des partis », entendant précisément que le chef de l'Etat n'émanât point d'eux. Lorsque le 4 septembre 1958, il présenta la Constitution à la nation, place de la République, dans une cérémonie agencée par Malraux au jour anniversaire de la proclamation de la République, en 1870, l'élément nouveau et principal qu'il en fit ressortir était l'exigence d'un chef d'Etat essentiellement étranger aux partis, extérieur et supérieur à eux. Lorsque, en 1965, l'appartenance de ses principaux adversaires, au premier rang desquels François Mitterrand, fit apparaître un retour néfaste aux mœurs partisanes, il en dénonça encore les dangers : « Si, malgré les termes, malgré l'esprit de ce qui a été voté en 1958, les partis se réemparent des institutions de la République, alors rien ne vaut plus. Si, à la place de ce chef d'Etat, qui est fait pour empêcher que la République ne retombe à la discrétion des partis, on met un chef d'Etat qui n'est qu'une émanation des partis, alors tout ce que l'on aura écrit dans la Constitution ne changera rien à rien. On en reviendra au gouvernement – si tant est que l'on puisse l'appeler comme cela – des partis et ce serait... une catastrophe nationale. »

Nous y sommes et c'est bien une défaite pour la démocratie. Lorsque, de nos jours, des élus osent dire publiquement, avec un parfait naturel, comment ils font prévaloir dans leur vote les consignes du parti sur ce qu'ils croient être en leur âme et conscience l'intérêt de la France, ils sont coupables vis-à-vis de la nation tout entière qu'ils ont reçu mandat de représenter. Il est d'ailleurs quelque peu scandaleux d'entendre nombre de parlementaires se plaindre du peu de pouvoir qui leur est accordé alors qu'en se comportant ainsi, ils n'assument pas la responsabilité issue du vote des citoyens qui les ont élus. Rarissimes ceux qui ne subissent pas cette dépendance et dignes d'être loués car il y faut du courage, aucune brebis ne devant s'échapper du troupeau.

Le pouvoir des partis n'est pas non plus étranger à l'entrée de plus en plus marquée du rôle impérieux de l'économie dans la direction des choses humaines. Mouvement bien naturel puisqu'il s'agit du milieu dans lequel ils baignent. Les chefs d'Etat ne dédaignent plus de s'afficher comme les représentants de commerce de leurs pays et même s'en flattent ouvertement. Les ambassadeurs sont incités à passer élégamment de la démarche diplomatique au démarchage tout court. Quant à la culture, elle inspire d'autant plus de respect qu'elle est promue à la dignité de vitrine. Les temps nouveaux sont arrivés, vive la modernité et ses nouveaux commandements : les nécessités de l'époque, les lois du marché, les impératifs économiques, la mondialisation. Vive la modernité dont on s'acharne à nous faire croire qu'elle nous conduit, malgré quelques cahots, à une mythique gouvernance mondiale et à l'universalité des droits de l'homme.

Difficile de ne pas poser la question : Existe-t-il ou non une relation entre la suprématie de l'économique et la mort du politique ? A première vue, elle n'est pas évidente. Le chef d'Etat, le ministre, le diplomate qui se mettent en frais pour placer leurs produits nationaux peuvent avoir et donner l'impression de se livrer à une opération hautement politique. D'où vient alors le malaise obscurément ressenti devant ces amabilités si visiblement intéressées ? D'où naît le sentiment confus que le concept de « politique » avait jusqu'à présent laissé entendre autre chose ? La fin de la politique ne serait-elle pas liée à l'abandon de sa finalité ?

Les philosophes ont toujours refusé de séparer la réflexion sur le sens de la politique d'une morale ou d'une religion. Le marxisme lui-même qui proclame le matérialisme seule réalité de l'Histoire, s'attribue pour mission de conduire les hommes vers une variété inédite de « paradis », but lointain et suprême promis aux générations futures au prix des épreuves accablant les générations présentes, mais qui donne un sens à leur existence. Le paradoxe est que ce communisme-là butera précisément sur des problèmes économiques bien plus que politiques et entraînera la chute des partis communistes en Occident. On peut le déplorer ou s'en réjouir, il reste que cette chute marque l'ultime étape vers la disparition de l'ambition tendant à conduire l'humanité sur la voie d'un ailleurs et « matérialise », si l'on ose dire, la fin de la politique telle qu'elle a soulevé rêves et passions dans l'Histoire, telle qu'elle a donné sens à la force et au droit. On s'étonnera donc moins de voir les citoyens se détourner de la chose publique et l'on sera bien davantage surpris des plaintes de ceux de leurs gouvernants érigés en chantres de l'économie.

Quand le terrestre – le matériel – ne dispose plus d'une vocation propre à l'élever quelque peu au-dessus du sol et que son niveau ne dépasse guère celui des pâquerettes, les mots cultes tels « humanisme » ou « droits de l'homme » commencent à sonner singulièrement creux. La morale, démonétisée, n'a plus vraiment cours et l'on espère seulement que les poncifs médiatiques habituels feront illusion. Le langage, à son tour, se corrompt. A quoi se réduit alors la politique ? A la gestion empirique, au jour le jour, au coup par coup. Le critère est la réussite : quel que soit son objet, quels que soient les moyens, la fin les justifie. L'étrange est que les politiciens pour qui tout se mesure en productivité, statistiques et rentabilité, n'aient pas abandonné les cérémonies et symboles évoquant d'autres temps. On n'aura jamais autant salué le général de Gaulle en commémorations que depuis l'abandon de toutes ses leçons. On n'aura jamais autant invoqué ses principes depuis qu'ils sont tellement oubliés. Ont-ils une telle peur du vide ceux qui se travestissent en des servants d'un culte qu'ils ne professent plus ? Quand le vertige les saisit, ils parlent des valeurs qu'il convient de maintenir ou même de restaurer. L'ennui est qu'ils en parlent comme de valeurs boursières, en suivent leur cote dans l'opinion et ses fluctuations, en fonction de quoi ils en déterminent l'importance.

L'Histoire ne se répète jamais, il est vrai, mais elle dissimule souvent, sous l'habillage des circonstances, une grande similitude des affrontements fondamentaux, la lutte non pas contre une oppression brutale et barbare, comme jadis, mais contre un asservissement progressif, doux et mou. Ce combat ne requiert pas l'héroïsme, n'évoque pas la tragédie, il doit seulement tendre à retrouver une rationalité globale, claire et solide, afin d'assurer le jeu d'une démocratie véritable qui serve le bien commun de la nation et incarne la permanence des grands intérêts de la France. L'usure du pouvoir est aujourd'hui patente. Personne n'en doute, d'ailleurs, hors d'une classe politique absorbée par ses concurrences internes alors que l'Etat fait naufrage. Peut-être continuera-t-il cependant à survivre chétivement, discrédité par les scandales de tous ordres, impuissant à agir, amputé de ses attributions par la dispersion de ses compétences d'un côté, les contraintes européennes de l'autre, réduit au simulacre de son ancienne grandeur, encore intéressant par quelques vanités qui s'en satisfont et quelques favoritismes qui s'y distribuent, trop parodique, infirme et méprisé mais, après tout, toléré ? Peut-être. Le plus probable, cependant, c'est que les eaux ne resteront pas calmes autour de lui. De rudes secousses pourraient survenir.

Une opposition euphorique s'imagine que le temps travaille pour elle, qu'elle va s'installer paisiblement dans la succession de ceux qui occupent actuellement le pouvoir. Hélas, elle a gouverné pendant des années et n'a pas laissé le souvenir d'une meilleure aptitude à cette charge. Qu'elle fasse une brève diversion, on peut le supposer. Qu'elle modifie notre destin, nul n'ose y croire, même parmi ceux qui voteront pour elle. C'est qu'elle a pris presque autant que ceux dont elle se dit l'adversaire une dérive d'oligarchie, une si large distance avec une démocratie honnête, avec un civisme exigeant, avec les impératifs de la raison claire, bref avec le credo intellectuel et moral de la République, qu'à la fin tous les ressorts de l'autorité y sont également distendus.

On rage de ne voir qui serait aujourd'hui capable, simplement, de jouer les cartes que détient encore la France : rétablir notre souveraineté à l'égal de l'Allemagne par une même appréciation lucide des traités; renouer le partenariat établi avec la Russie il y a presque un demi-siècle dans le domaine spatial qui porte avec lui les promesses de la science et celles de l'avenir; comprendre quelles relations privilégiées la reconnaissance de la France nous a offertes avec la Chine…

« Un Etat ne meurt pas, ce n'est qu'une forme qui se défait. Un faisceau qui se dénoue. Et il vient un moment où ce qui a été lié aspire à se délier… » Ainsi le sage Danielo enseigne-t-il Aldo dans *Le Rivage des Syrtes*. Sans doute la décadence n'est pas toujours inexorable, mais le redressement ne naîtra pas seulement de l'analyse de nos faiblesses. Il surgira de la passion de ceux qui, sans se lasser, sauront guetter le moment où tout devient possible, afin de réveiller l'esprit d'un peuple abandonné.

Table

Cet ouvrage a été composé et imprimé par
CPI Firmin Didot à Mesnil-sur-l'Estrée
pour le compte des Éditions Plon
76, rue Bonaparte
Paris 6e
en décembre 2010

Imprimé en France
Dépôt légal : septembre 2010
N° d'édition : 21254/04 – N° d'impression : 103034